맨숀

나의 친애하는
서울의 오래된 아파트

일러두기

· 본문에 수록된 사진 중 카피라이트가 표시되지 않은 사진은 모두 저자가 직접 촬영한 것입니다. 다.

· 본문에 수록된 아파트 및 연립 주택들의 준공 연도는 건축물대장상의 사용승인일 기준입니다. 다만 대장상 사용승인일 정보가 누락된 아파트의 경우는 여러 자료를 바탕으로 준공 연도를 추정했습니다.

· 본 출판물은 국립국어원 표기 규정을 준수하였으나, 작가가 그 의미를 강조하기 위해 입말로 굳어진 표기를 일부러 쓴 경우는 그 표기 그대로 사용하였습니다.

· 본 출판물은 산돌구름의 산돌 폰트로 제작되었습니다.

- 사용 폰트: Sandoll 라바, Sandoll 단편선 바탕, Sandoll 고딕Neo1을 사용하였습니다.

<서울의 아파트 중 가장 오래된 아파트로 알려진 충정아파트>

이 책은
서울에 남아 있는 60~70년대 지어진 오래된 아파트들을
방문 후 기록한 저의 소소한 답사기입니다.

책을 읽고 여러분도 가끔 마주치게 되는
서울의 유서 깊은 아파트들의 존재를 알게 되면 좋겠습니다.

들어가며

2018년 쯤부터 본격적으로 서울시 전역을 다니기 시작한 것 같습니다. 부동산 공부를 하다 재개발을 접하게 되었고, 그러면서 서울의 구도심들을 구석구석 걸었습니다.

대학 때 처음 서울로 상경한 저는 임장을 다니면서 '왜 이 동네는 이렇게 산동네에 아파트를 많이 지었지? 왜 강남은 똑같이 생긴 아파트들이 집단을 이루고 있지? 왜 이곳은 개발되지 않고 이전 모습 그대로 단독주택이 남아 있는 걸까?' 하는 의문이 들었습니다.

서울 토박이가 볼 때는 당연한 풍경일지 모르는 이 질문들에 대해, 저는 그 의문을 풀고 싶었습니다. 그러면서 자연스레 서울 아파트들의 역사를 공부하게 되었습니다. 손정목 선생의 '서울 도시계획 이야기', 박철수 교수의 '한국주택 유전자' 등의 책을 읽으며 어느 정도 의문이 풀렸습니다. 자연 발생적으로 주거지가 형성된 도심지역과 달리 1970년을 전후해 개발된 여의도, 동부이촌동, 반포, 잠실, 서초, 강남 일대는 오늘날로 치면 도심 외곽의 택지 개발에 해당하며, 처음부터 계획 개발을 했기에 이곳에는 대규모 아파트 단지를 만들 수 있었다는 점을 알았습니다.

책을 처음 쓰자고 생각했을 때의 시작은 서울에 현존하고 있는 오래된 대표 아파트 단지들을 정리해 보고 싶었습니다. 여의도시범아파트, 한강맨션아파트, 서빙고 신동아아파트, 대치동 은마아파트, 올림픽선수기자촌아파트, 압구정 현대아파트, 워커힐아파트 등을 말이죠.

그런데 도심지 임장을 다니다 60~70년대 지어진 귀여운 한 동 혹은 많아도 3~4동의 아파트들을 종종 마주치곤 했습니다. 주변은 다 개발이 되어 가는데 틈새에 끼여서 반백 년 이상 그 모습 그대로 남아 있는 아파트들을 말이죠. 위 유명 아파트 단지들에 비해 이들에 대한 정보는 충정아파트와 같이 잘 알려진 일부 아파트를 제외하고는 거의 찾기 힘들었습니다. 그래서 직접 정보를 찾아보고 하다, 그 기록을 그냥 흘려보내기 아쉬워 지금껏 블로그에 연재해 왔습니다.

도심 속에서 반백 년 이상의 세월이 지나는 동안 처음 지어진 모습 그대로 남아 있는 아파트들을 만나면 아파트에 말을 걸고 싶어집니다. 그곳에서 먹고 자고 많은 일을 겪었을 주민들에게 수십 년간 따뜻한 마이 홈이 되어준 아파트를 보면, 인생에 대해 혜안이 가득한 답을 넌지시 건네주시는 백발의 점잖은 동네 어르신을 만난 느낌입니다. 왜 그 자리에 처음 지어지게 되었으며, 그동안 무슨 일을 겪었냐고 물어보고 싶습니다.

오랜 세월을 견딘 그 아파트들의 모습은 허름하게 느껴지기도 하지만, 수십 년 전의 방식으로 지어진 건축 방식이 주는 생경함이 꽤 이국적이고 멋지게 다가오기도 합니다. 투박하게 일자식으로 무뚝뚝하게 지어진 아파트들도 있지만, 주변 환경에 맞추어 최대한 아이디어를 발휘해 지어진 아파트들도 있습니다. 새것으로는 재현해 낼 수 없는 독특한 빛바랜 색과 개성 있는 창틀이나 계단 모습, 중앙 정원 구조 등은 그 자체로 충분히 설레임을 주는 공간입니다.

이 책은 제가 느낀 이런 감정들을 독자 여러분에게도 전하고 싶은 마음에서 기획되었습니다. 아파트 역사 혹은 건축사 적으로 의미가 있는 유명 아파트들을 소개하는 것은 제 능력 밖이기도 하고, 이미 기존 책이나 기사에서 많이 다루어졌습니다. 제가 이 책에서 선별한 아파트들은 철저히 제 개인적인 취향에 의한 것입니다. 많이 알려진 아파트

보다는, 일반인인 제 시선에서 건축 구조나 아파트 도색이 미학적으로
아름다운 아파트, 규모가 작아 알려지지 않았으나 소박한 아름다움을
지닌 아파트, 그리고 쉽게 상상하기 어려운 곳에 여전히 존재하는 서
울의 오래된 아파트들을 다루었습니다.

  주로 60~70년대 지어진 이른바 '맨션' 아파트들이 주 대상이지만,
상가아파트, 서민아파트, 시범아파트, 연립주택 등 동시대에 지어진
매력적인 공동주택들도 함께 넣었습니다.

  이 책을 통해서 제가 느꼈던 서울 도심에 숨겨진 오래된 아파트들의
매력을 간접적으로나마 독자 여러분도 느껴보셨으면 좋겠습니다. 그
리고 마음에 드는 아파트를 기억해 두었다가 근처 갈 일이 있다면 한
번쯤 둘러보면서 오래된 공간이 들려주는 매력적 목소리에 귀 기울여
보시면 여러분의 시티 라이프에 또 하나의 재미를 주리라 생각합니다.

  책에서 다룬 많은 아파트나 연립들이 재개발 혹은 재건축 구역 내에
포함되어서 얼마 지나면 사라질 운명에 처해 있습니다. 책을 읽는 시
점에 따라 어쩌면 이미 사라진 곳도 있을지 모르겠습니다.

  또한 이 책에 실린 오래된 아파트들의 준공 연도 및 시공사, 기타 사
연들은 과거 기사 검색 등을 통해 최대한 사실에 접근하려 했으나 정
보 접근성에 한계가 있었다는 점은 부인할 수 없습니다. 사실과 다른
점이 발견된다면 차후 수정하겠습니다.

<수색동 수색아파트>

차 례

제1장 고색창연

제2장 도시 속의 도시

14

<이문동 경희맨숀>

제목의 의미

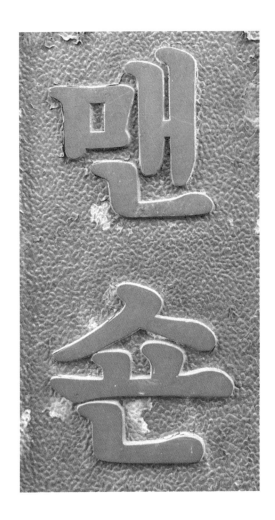

제목을 '맨숀'이라 칭한 이유

현재의 표준어는 '맨션'인데, 과거 맞춤법 표기가 바뀌기 전에는 '맨숀'이라 부르고 썼었습니다. 아파트에 관심을 두기 전에는 저도 이 '맨숀'이란 단어에 대해 깊이 있게 생각해 본 적이 없었습니다. 그저 아파트를 칭하는 오래된 말 정도로만 생각했었습니다. 일본에서는 우리의 아파트에 해당하는 건물을 대부분 맨션(マンション)이라고 칭하니 일본에서 들어온 말이겠지 하고 짐작만 하였었습니다.

아파트와 관련한 여러 책을 읽어 보니 이 '맨숀'이라는 단어는 제 짐작대로 일본에서 들어온 말이 맞았습니다. 1970년 즈음 일본에는 고급 주택가에 살면서 삶을 즐기는 엘리트층을 의미하는 '맨숀족'이라는 말까지 유행했다고 하는데, 우리나라에서는 1970년 동부이촌동의 한강맨숀이 분양하면서 이 '맨숀'이라는 말이 본격적으로 쓰이기 시작합니다.

'맨숀'은 원래는 고급 아파트를 지칭하는 단어이나, 1970년 이후 민간 업체들이 중산층을 대상으로 지은 아파트에도 경쟁적으로 이 단어를 붙이면서 그 시기 지어진 많은 아파트들의 명칭에 '맨숀'이 들어가게 됩니다.

엄밀히 따지면 60~70년대 서울에 지어진 아파트들은 크게 4가지 범주로 나뉩니다. 첫째, 대한주택공사나 서울시에서 주택 부족 문제 해결을 위해 서민들을 대상으로 지은 시민아파트나 시범아파트. 둘째, 상인들의 주거를 해결하기 위해 민간 건설회사가 지은 상가아파트. 셋째, 여의도나 동부이촌동 등 한강 이남 지역에 중산층을 위해 대규모로 지은 단지형 아파트. 넷째, 민간 건설업체가 도심지의 자투리땅에 중산층을 대상으로 지어 분양한 1동 혹은 3-4개 동의 '맨숀' 아파트가 그것입니다.

제가 이 책에서 다룬 아파트들도 분류해 보면 대부분 위 유형 중 하나에 해당합니다. 그런데 이 '맨숀'의 뜻이 고급 아파트로서, 첨단 시설 및 설비를 갖춘 주거시설이라는 긍정적 이미지를 지녔기에 70년대 이후 모두가 즐겨 사용하였습니다. 그래서 소형 평형만 있는 서민용 아파트, 상가아파트, 심지어 2-3층의 연립주택까지 맨숀을 이름에 넣어 부르곤 하였습니다.

또 한 가지 더 재미난 점이 있습니다. 당시 분양 광고 및 현재까지 남아 있는 현판을 보면 '맨숀아파트'라고 동어 반복식 단어를 사용한 곳이 많다는 점입니다. 여기에서의 의미는 맨션형 아파트, 즉 '맨션처럼 고급으로 잘 지은' 아파트라는 의미로 사용된 듯합니다.

　80년대 이후는 서울에 단지형 아파트가 보편화되면서 점차 맨션이란 이름은 쓰이지 않게 됩니다. 그로 인해 한때 맨션이라 불렸던 곳도 이제는 대부분 아파트로 불리지만, 여전히 그 이름 및 아파트 외관에 '맨션' 혹은 '맨숀'의 흔적이 남아 있는 곳이 많습니다.

　이 책에서는 주로 60~70년대에 서울에 지어진 아파트와 연립주택들을 다루고 있습니다. 엄밀하게 분류하자면 상가아파트나 연립주택은 '맨션'이랑은 의미가 다릅니다. 하지만 당시에 '맨션'이란 단어가 광범위하게 사용된 만큼, 제가 이 책에서 소개하는 곳들을 모두 아우르기에 이 단어가 적합하다고 생각하였습니다. 또한 표준어는 아니지만 그 복고적 느낌을 살리기 위해 굳이 '맨숀'으로 제목을 붙였습니다.

　이 책에서 앞으로 다루는 곳 중 '맨션'의 이름이 남아 있는 곳은 표기에서 대부분 '맨션'을 쓰고 있기에 '맨션'으로 설명하였습니다. 다만, '맨션'보다 '맨숀'을 붙인 이름이 더 알려진 곳의 경우는 일부러 그 이름을 살려 소개하였음을 알려드립니다.

제1장 고색창연

돌산 절벽 아래의 아파트

창신시영아파트(1962년)

지금은 봉제 골목이나 네팔 음식 거리 등이 있어 서민들이 사는 동네라는 인상을 주지만, 원래 창신동은 조선시대 사대문 중 하나인 흥인지문(일명 동대문) 바로 바깥에 위치해 꽤 번화한 곳이었습니다. 특히 낙산 주변의 산세가 아름다워 고관대작들의 별장들이 많았다고 전해집니다.

그러던 창신동은 일제 강점기에 큰 변화를 맞이합니다. 일제는 경성역(구 서울역), 조선은행 본점(현 한국은행), 그리고 지금은 사라진 조선총독부 건물 등을 짓는 데 필요한 화강암을 채취하기 위해 창신동 및 숭인동을 경성부 직영의 채석장으로 지정합니다. 이후 돌산을 절개해 화강암을 계속 채취하면서, 오늘날 우리가 창신동 및 숭인동 일대에서 목격하게 되는 깎아 지르는 돌산 절개지가 곳곳에 생겨납니다.

　해방 이후에 채석장은 1960년대 초 폐쇄되고, 그 자리는 당시 집 지을 곳을 찾던 피난민 및 시골에서 이주한 상경민들이 지은 판자촌을 비롯한 무허가 건물들로 채워집니다.

　현재의 창신시영아파트는 이 서울 시영 채석장인 있던 자리입니다. 그래서 지금도 창신시영아파트 뒷쪽, 창신동 쌍용아파트 아래에 돌산 절개지가 있는 것을 목격할 수 있습니다. 서울시는 62년 이 일대에 즐비했던 판잣집 등을 철거하고 그 자리에 시영아파트를 4개월만에 지었습니다. 1962년 준공이면 현재 서울시에 남아 있는 아파트 중에서는 일제강점기 지어진 아파트들을 제외하고는 현존하는 가장 오래된 아파트입니다.

　창신시영아파트 관련 과거 신문을 검색하다 '3개 동 4층에 100세대의 창신아파트 입주'라는 제목을 단 1963년 2월 7일 자 동아일보의 기사를 찾았습니다. 기사에서 보듯 창신시영아파트는 원래는 3개 동이었습니다. 그런데 A동이 있던 자리는 창신 지구대로 바뀌었고, 현재는 B동과 C동만 남아 있습니다.

지어진 지 60여 년이 넘은 지금, 세월이 만들어 낸 아파트의 모습은 많이 낡았지만 고즈넉한 분위기와 더불어 빛바랜 외벽 페인트 및 벽돌 색의 조화가 무척 매력적이었습니다. 1층 세대의 주민들이 아파트 복도 공간을 주택의 앞 마당처럼 사용하는 모습도 정겨웠습니다.

이곳 창신시영아파트는 부지가 국유지로, 아파트 소유권자들은 대지권이 없습니다. 즉 건물에 대한 권리만으로 소유권 이전이 이루어져 왔습니다. 토지를 소유하지 않기에 재건축이 불가능하나, 2021년 말 서울시가 적극 지원해 준다는 이른바 신속통합기획 재개발 사업 후보지인 '창신동 23번지' 구역에 포함이 되었습니다. 재개발 사업이 차질 없이 진행된다면 이 고색창연한 창신아파트도 없어질 것입니다.

창신시영아파트
서울시 종로구 창신동 23-814번지
국유지
최저 3층, 최고 4층, 2개 동, 61세대

이색 공간에서 마주친 도시인들

동대문아파트(1966년)

역사가 오래된 동네인 창신동에는 창신시영아파트 외에도 우리나라 아파트의 효시라 할만 한 아파트가 또 있습니다. 바로 지하철 1호선과 6호선 역인 동묘앞역 인근에 있는 동대문아파트입니다.

지금은 낡았지만, 아파트가 귀하던 시절에 이주일, 명계남, 백일섭 등 유명 연예인들이 살았다 하여 '연예인아파트'로 불리기도 했었다고 합니다. 또한 어린이들에게 인기 있는 만화 '신비아파트'의 모티브가 되기도 하였고, 탤런트 손현주 주연의 한국 영화 '숨바꼭질'이나 BTS의 'I need you' 뮤직비디오의 촬영 장소로도 알려진 곳입니다.

이 동대문 아파트는 1965년 대한주택공사에서 분양한 아파트로, 서울시 아파트 역사에서는 창신시영아파트 다음으로 오래된 아파트 중 하나입니다.

　　동대문아파트는 겉모습만 보아도 그냥 지은 사각형 회색 건물의 아파트가 아니라 꽤 신경을 써서 만든 하나의 건축 예술작품임을 알 수 있습니다. 옥상층은 지붕을 형상화해 만든 듯 하고, 계단 부위는 건물 전면에 돌출형으로 배치하여 기하학적인 미를 추구하였습니다.

내부를 보면 사각형의 대지 가운데에 중앙 정원을 두고, ㅁ자로 세대를 배치하였습니다. 그로 인해 아파트 내부에 자연광이 그대로 들어올 수 있습니다. 각 세대에 베란다가 없는 관계로 이곳 주민들은 건너편 복도를 서로 연결해 빨랫줄을 걸고 옷가지나 이불 등을 말리는데 그 풍경이 무척 이색적이었습니다.

　　동대문아파트를 방문했을 때 마주친 분들의 모습에서, 서울이라는 거대 도시에 사는 다양한 배경을 지닌 도시인들의 삶을 상상할 수 있었습니다. 1층에서 우르르 가방을 끌며 나오는 중동계 사람들, 부동산과 함께 집을 보러 온 10대 후반으로 보이는 앳된 소녀, 익숙한 듯 담배를 피시는 연세 있어 보이는 아주머니, 20대 초반인 듯한 남학생, 중국인 모녀지간으로 보였던 아주머니와 여자아이, 허리가 굽으신 채 계단을 아주 천천히 오르시던 할머니. 잠시였지만 아주 다양한 분들과 마주쳤습니다.

2023년 시점에서 동대문아파트는 창신동 남측 도시정비형 재개발 사업 구역 중 하나인 4구역에 포함된 상태입니다. 다만 재개발사업이 본격적으로 진행되더라도 철거하지는 않고 서울시에서 문화 시설로 매입해 보존하는 방향으로 사업이 진행 될 예정이라고 합니다.

동대문아파트
서울시 종로구 창신동 328-17번지
일반상업지역
최고 6층, 1개 동, 131세대

일본 영화의 한 장면 같은 곳

홍제아파트(1965년)

서대문구 홍제동 역시 앞서 설명한 종로구 창신동처럼 사대문중 하나인 (지금은 멸실된) 돈의문 바로 바깥에 위치한 곳으로 역사가 매우 긴 동네입니다. 해방 이후 많은 지방 출신 난민이나 도시 빈민들이 산 밑에 무허가판자촌 등을 짓고 살았던 곳입니다. 제대로 된 집이 많지 않던 1965년, 대한주택공사는 창신동 동대문아파트, 돈암동의 돈암아파트와 함께 고은산 자락 아래에 한 동짜리 서민용 아파트를 분양합니다. 바로 이곳 홍제아파트가 그곳입니다.

제가 이 홍제아파트를 소개하는 이유는 아파트 역사 차원에서 중요해서가 아니라, 홍제아파트가 갖고 있는 독특한 매력 때문입니다.

일자형의 건물 외관이나 복도식의 아파트 구조 자체는 별다를 게 없으나, 아파트를 둘러싼 주변 환경과 퇴색한 아파트의 모습이 어우러져 마치 일본 영화의 한 장면을 보는 것만 같습니다.

오래된 아파트 답사를 다니다 보면 그곳에서 거주하시는 분들이 종종 질문을 하십니다.

"오래된 아파트, 머가 이쁘다고 찍는 거야?"

생활하시는 분들의 입장에서는 불편한 점이 한 두 가지가 아니겠지만, 오래된 아파트가 만들어 내는 우아하고 따뜻한 분위기는 재현해 내기 어려운 독특함이 있습니다. 그리고 운 좋게 우연히 그런 분위기를 지닌 장소를 대면할 때면 빼어난 예술 작품을 마주할 때와 같은 탄성이 나오곤 합니다. 이곳 홍제아파트가 바로 그런 곳이었습니다.

<홍제아파트 관리사무소 건물>

요즘과 달리 홍제아파트가 지어질 당시에는 사각형 부지가 아닌 자투리땅에 최대한 되는 대로 아파트를 짓는 경우가 많았고, 그 결과 아파트 주변을 둘러싸고 단독주택들이 동시에 지어지는 경우가 많았습니다. 이후 세월이 흘러 단독주택들은 다가구, 빌라 등으로 재건축이 되었는데, 소유사가 여러 명인 아파트의 경우 사업성이 나쁜 데다가, 의견 일치가 어려워 빌라들 사이에서 과거 모습 그대로 남게 되는 경우가 많습니다. 홍제아파트도 이런 경우였습니다. 현재 홍제아파트 주변 단독 및 빌라 블록이 재개발을 추진하고는 있으나 아직 걸음마 단계로, 당분간 홍제아파트는 지금 모습 그대로 남아 있을 것 같습니다.

홍제아파트
서울시 서대문구 홍제동 312-35번지
3종 일반주거지역
최고 3층, 1개 동, 81세대

'π'자형의 부지에 지어진 아파트

서울맨숀(1972년)

앞서 소개한 홍제아파트 인근에 70년대 지어진 오래된 아파트가 몇 개 더 있습니다. 홍제맨숀(1971년), 고은맨션(1973년), 광산맨션(1975년) 그리고 이곳 서울맨숀(1972년)입니다. 네 맨션 모두 빌라 및 단독들 사이에 끼어 있어서 재건축이 되지 못하고 남아 있습니다. 이 맨션 중 제가 특히 서울맨숀을 좋아하는 이유는 따스한 분위기와 재미있는 구조 때문입니다.

'서울맨숀아파트'라고 쓰인 현판 아래의 입구를 통해 단지로 들어가면 아파트 동들이 둘러싸고 있는 가운데 정원 즉 중정이 모습을 드러냅니다. 노란색으로 칠해진 아파트 입구와 파랑 및 녹색의 어닝들, 그리고 상아색의 아파트 외벽 색이 한데 어우러져서 무척이나 따뜻한 느낌을 자아냅니다.

이곳 서울맨숀의 또 다른 재미난 점은 아파트 부지 모양입니다. 요즘 흔히 보는 직사각형이 아니라 한글로 치면 'ㅠ'자 형에 가까운 형태입니다. 이렇게 이상한 모양의 땅 위에 아파트를 구겨 넣어 최대한 짓다보니, 아파트와 옆 빌라 및 단독들이 거의 맞닿아 있는 것이 단지 내 곳곳에서 목격됩니다. 아래 72년 분양 당시의 신문 광고에서도 세로로 세워진 'ㅠ'자 형태의 부지 모양을 확인할 수 있었습니다.

<경향신문 72년 12월 27일자 분양 광고>

　이처럼 서울맨숀은 부지에 맞추어 최대한 많은 면적을 뽑아내 아파트를 지으려다 보니 구조가 매우 특이한 단지가 되었습니다. 단지 안에서 보면 동이 여러 개 있는 느낌을 주지만 모든 건물이 붙어 있는 구조여서 네이버 등에서 검색히면 한 개 동이라고 나옵니다.

　이 재미난 모습의 서울맨숀도 홍제아파트처럼 주변 빌라들과 다 같이 재개발되지 않는 한 독자 개발은 힘들어 보입니다. 22년경부터 인근 빌라 및 단독들이 역세권 재개발 사업을 추진하려는 움직임도 있었으나 23년 시점으로는 미정입니다.

서울맨숀
서울시 서대문구 홍제동 315-7
2종 일반주거지역
최고 5층, 1개 동, 83세대

현대미술관 같은 내부

안산맨숀(1972년)

오래된 아파트에 관해 관심을 가지면서 여러 책에서 '중정'이란 단어를 접하게 되었습니다. 단순히 중앙 정원을 의미한다 생각했는데, 정확한 의미를 찾아보니 다음과 같았습니다.

'중정은 본래 한옥의 안채와 바깥채 사이에 마련된 작은 뜰을 일컫는 말이었으나, 오늘날에는 건물을 설계할 때 자연광이 각각의 건물에 고루 닿을 수 있도록 내부 중앙을 비워 놓는 구조를 통틀어 칭한다.'

건물 안 마당 같은 공간을 외부의 빛과 공기가 통하도록 뚫린 상태로 두는 것을 의미하는 것이라고 이해하면 될 것입니다.

많은 책에서 이곳 안산맨숀에 대해 중정이 아름다운 아파트라고 언급하여 항상 궁금했습니다.

　안산맨숀 아파트 1층에 목욕탕, 미용실 등의 상가들이 있어 이 곳이 안산맨숀이 맞나 하는 의문을 가진 찰나, '안산맨숀아파트'라고 자신감 있게 누군가 써 내려간 느낌의 현판을 발견했습니다. 1층 경비실을 지나, 2층부터 시작되는 아파트 공간으로 들어서는 순간, 눈앞에는 별세계가 펼쳐집니다. '아. 이래서 많은 사람이 안산맨숀의 중앙정원이 아름답다고 했구나'라고 고개를 끄덕이게 됩니다.

주민들의 공동 정원 겸 마당인 중정과 대지를 'ㅁ'자 형태로 둘러싸고 지어진 아파트 복도들이 만들어 내는 풍경이 마치 현대 추상화 같은 느낌을 줍니다. 다른 아파트에서 잘 보기 힘든 에메랄드색과 흰색의 조합, 여기에 세월의 흔적이 만들어 낸 빛바랜 느낌이 가미되어 무척 아름답습니다. 과장 섞어 말하면 현대 미술관에 온 느낌입니다.

안산맨숀 역시 대지 지분이 적어서 재건축이 사실상 힘든 구조입니다. 그러나 현재 인근의 인왕궁아파트, 인왕아파트 및 빌라, 단독들과 같이 홍제3구역 단독주택 재건축 구역에 포함되었습니다. 홍제3구역 재건축 사업지는 관리처분인가까지 난 상태로 24~25년경에는 철거될 예정입니다. 이 매력적인 아파트를 실물로 볼 시간이 이제 얼마 남지 않았습니다.

< 안산맨숀의 옥상 >

안산맨숀
서울시 서대문구 홍제동 104-20
3종 일반주거지역
최고 6층, 1개 동, 아파트 50여 세대 및 상가

서울에서 가장 유니크한 아파트

대광아파트(1971년)

누군가가 저에게 서울에서 방문지로 추천할 만한 맨션아파트가 어느 아파트냐고 묻는다면 저는 단연 이곳 대광아파트를 꼽고 싶습니다.

안암동 고려대 공대 캠퍼스 인근에 있는 대광아파트는 역시 오래된 아파트인 안암동 삼익아파트(1983년) 단지 위쪽에 자리 잡고 있습니다. 삼익아파트도 언덕인데, 대광아파트는 더 지대가 높습니다. 삼익아파트 단지를 지나서 더 위쪽으로 난 가파른 비탈길을 올라가야 대광아파트 입구를 볼 수 있습니다.

안암동의 동 이름은 '앉일바위'라는 바위 이름에서 유래했다고 전해집니다. '앉일바위'는 20명 이상이 너끈히 앉을 수 있을 만큼 큰 실재했던 바위를 칭하는데, 이 대광아파트 부지가 바로 '앉일바위'였다는 설이 있습니다. 그만큼 지대가 높습니다.

대광아파트가 특별한 이유는 몇 가지가 있습니다. 우선, '오각형 아파트'라고 알려져 있습니다. 누군가 그렇게 불렀고 이후 '오각형 아파트'로 전해지는데, 엄밀히 말하면 아파트 자체가 아니라 부지가 오각형입니다. 대광아파트는 총 7개 동인데, 단지 입구 쪽의 2개 동을 제외한 나머지 5개 동이 서로 맞닿아 있어, 하늘에서 보면 마치 오각형으로 보입니다. 오각형 형태로 동들이 아파트 부지를 둘러싸고 있고, 가운데 공간은 지금은 주차장으로 쓰이고 있습니다.

<대광아파트 위성사진>

둘째, 대광아파트는 동끼리 옥상에서 이어져 있습니다. 오각형으로 동들이 거의 붙어 있는 것도 재미난데, 옥상에서 옆 동을 갈 수 있게 해 놓았습니다.

　위에서 언급된 특징들도 재미있지만, 제가 대광아파트를 좋아하는 가장 큰 이유는 대광아파트 단지가 갖는 그 고유한 분위기 때문입니다. 아파트 건물 자체는 회색 콘크리트 색이지만, 창문 쪽에 햇볕과 비를 피하게 해 주는 어닝들이 파랑, 녹색, 노랑 등 다양한 색으로 설치되어 있습니다. 그러다 보니 마치 휴양지의 작은 도시를 방문한 듯한 낭만적인 분위기를 자아냅니다.

또한 아파트 단지로 진입하기 위해서는 지하 동굴 같은 터널을 통과해 들어가게 되어 있습니다. 그렇게 해서 밝은 햇살이 비추는 곳에 들어서면 다섯 개 동이 둘러싼 거대한 마당이 맞이해 줍니다.

어둠에서 빛의 세계로 진입하면서 대광아파트 가운데 공터인 주차장에 도달하면, 속세와는 고립된 그들만의 세상에 온 듯한 느낌을 줍니다. 주민들 모두의 마당이라 할 주차장 터에서 뛰노는 아이들의 목소리와 더불어 위 단락에서 언급한 아파트 외벽 어닝들이 자아내는 이국적인 분위기는 보는 이에게 마음의 위안을 선사해 줍니다.

「最新型」大光아파-트分讓 (安岩洞)

最高級 맨숀(호화판)아파-트와 모든시설이 동일하다

1. 位　　置：
   城北區 安岩洞 3가 136—1
2. 分讓方法：先着順
3. 分讓세대수：7個棟 346세대
4. 入住日：現在 入住 盛況中

※特典：95만원융자의 20年間 低利償還

分讓入住價格및 納付方法 (융자금제외)

坪數	分讓入住價格	契約金	中途金	殘金
21, 19	1,380,900	100,000	500,000	780,900
20, 95	1,249,750	100,000	500,000	649,750
19, 60	1,108,000	100,000	500,000	508,000
16, 75	892,500	100,000	300,000	492,500

(층별에따라 약간 증감이있음)

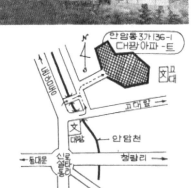

不動産 投資의 좋은 機會！

1. 入住價格 100萬원以上에는 95萬원 융자는 물론, 20萬~40萬원까지 銀行金利의 貸付特惠를 준다.
   年利 14%인데 10%로 引下가능 (紙上 3/23일자 보도됨)
2. 그러므로 傳貰入住를 시키면 실제 現金投資는 10萬에서 20萬정도.
3. 建築資材費의 引上으로 아파트價格의 引上은 틀림없다 (시멘트및 木材價格이 71年에比해 약40%引上)

※都心公害로부터 해방된 환경으로 버스로 市廳·미도파까지 10分以內의 거리

※特히 燃料費가 연탄가격보다 저렴하다

大光 A P T 分讓事務所

現場 ⑨2503 교환 ⑭3701~5 ⑨7901~5
本社 ⑮5338·5339 ㉔4401~5

<1972년 5월 5일 동아일보에 실린 분양 광고>

과거 신문 기사에서 대광아파트의 분양 광고를 보다 재미있는 점을 발견하였습니다. 70년대 이후 서울 시내의 아파트들은 너나 할 것 없이 '맨숀'을 아파트 이름에 붙였는데, 1972년 분양 광고에서의 대광아파트는 맨숀과의 구분 짓기를 시도합니다. 맨숀을 '호화판 아파-트'라 하면서 '대광아파트는 최고급 맨숀(호화판) 아파-트와 모든 시설이 동일하다'는 광고 문구를 넣습니다. 1970년에 한강맨숀이 서민층과는 괴리가 있는 중대형 고급 아파트로 분양되면서 비난 여론이 있던 때라, 대광아파트가 분양된 때만 해도 아직 맨숀과 관련해 부정적인 시선이 있었다는 것을 알 수 있습니다. 분양 당시 '맨숀'과 구별 짓기를 했던 대광아파트이지만 현재 대광아파트 주차장 벽면에는 스스로를 대광 '맨션' 아파트라 칭하고 있습니다.

대광아파트는 이미 재건축이 되었어야 할 연배이지만, 지대가 높아
고도 제한이 있고, 세대수 대비 아파트 대지가 작은 이유로 사업성이 안
나와서 재건축이 되지 못하였습니다. 그러다 2020년에 주변 단독주택
들과 함께 안암1구역 재건축 사업지로 구역 지정이 되어 현재 사업이
추진 중입니다. 사업성이 나쁘고, 주변 시세가 서울에서 저렴한 편에
속하다 보니 대광아파트는 인서울 재건축 추진 아파트 중에서 매매가
가 가장 저렴한 아파트로 알려져 있습니다.

홍상수 감독의 1998년작 영화 <강원도의 힘>에 나온 대광아파트

대광아파트
서울시 성북구 안암동 3가 136-1
2종 일반주거지역
최고 7층, 7개 동, 346세대

하나의 작품이었던 아파트 도색

대성맨숀(1971년)

　사직터널을 빠져나와 연세대 방향으로 가다 보면 오른편에 신기한 모습의 아파트를 보게 됩니다. 아파트 위를 보면 두 동이 다리로 연결되어 있습니다. 진입하는 입구에 아파트 이름이 쓰여 있습니다. 대성아파트.

　현재의 이름은 '대성아파트'이지만, 검색을 해보면 대성아파트보다는 '대성맨션' 혹은 '대성맨숀'으로 더 알려져 있습니다.

　두 동을 연결한 다리가 있다는 점이 신기해서 답사 시 저도 옥상을 가 보았습니다. 다행히 옥상 문이 열려 있었습니다. 다만 저는 그 다리를 건널 용기는 못 내었습니다. 이렇게 동 간을 연결한 시도는 앞장에서 다룬 안암동 대광아파트에서도 있었는데, 지금 보니 두 아파트가 같은 해인 1971년에 지어졌습니다. 당시에 이런 시도가 유행이었을까요?

<대성맨숀의 옥상에서 찍은 두 동을 연결한 다리>

오래된 아파트들을 방문하다 보면 아래 사진의 대성맨숀처럼 파스 텔색을 외벽 색으로 한 아파트를 종종 만나곤 합니다. 감성을 건드리는 파스텔 색조로 채색된 아파트를 만나면 그 은은한 색감에 마음마저 따 뜻해지는 것을 느끼곤 합니다.

　　로드뷰로 과거 대성맨숀의 사진을 비교해 보았습니다. 약 5-6년 주기로 도색을 달리 한 거 같은데, 과거의 모습이 훨씬 더 매력적이었습니다. 오른편 페이지의 상단에서 2010년 사진을 보면, 왼쪽 동에는 연한 에메랄드와 붉은 벽돌색, 오른쪽 동에는 다양한 톤의 상아색을 사용하였습니다. 이어 오른편 페이지 하단의 2015년 사진에서는 화이트와 연두, 상아, 핑크 등을 배치하였는데, 두 번 모두 세련된 색 조합으로 푸근한 인상을 줍니다. 그러다 2022년에 다시 도색이 이루어졌다는 걸 알았습니다(아래 사진). 그런데 너무 놀랐습니다. 세련된 색을 자랑하던 대성맨숀의 모습은 어디 가고, 심심한 회색의 아파트가 되어 버렸습니다.

<사진 출처-네이버로드뷰 캡쳐. 2022년>

<사진 출처-네이버로드뷰 캡쳐. 2010년>

<사진 출처-네이버로드뷰 캡쳐. 2015년>

    과거 로드뷰 사진을 보다 보니 대성맨숀의 명칭과 관련된 재미난 사실을 알 수 있었습니다. 현재는 '대성아파트'라고 현판을 달았지만 2010년 로드뷰에 나타난 이름은 '대성맨숀아파-트'입니다. (오른쪽 페이지 상단 사진 참조) '맨숀'이라고 쓰고, 중간에 일본어에서 쓰는 장음 부호를 넣었습니다.

    대성맨숀이 분양한 시기가 1971년인데, 비슷한 시기 분양했던 한남동 성아맨션의 광고에서도 이 일본어식 장음 표기를 볼 수 있습니다.

<그림 1970년 7월 5일 조선일보에 실린 성아맨션의 분양 광고>

아파트 자체가 귀하던 시절이라 엘리베이터가 있고, 9층으로 지어진 대성맨숀은 분양 당시는 굉장히 고급 주거시설이었을 것입니다. 로드뷰 검색 결과 2012-2014년경 '대성아파트'로 아파트 명칭을 바꿔 단 것 같은데, 그전까지 '대성맨숀아파-트'를 유지한 깃은 과거의 위용을 잊어버리고 싶지 않은 마음이 아니었을까 짐작해 봅니다.

<2010년 로드뷰의 대성맨숀 현판>

<2015년 로드뷰의 대성맨숀 현판>

한때는 고급 주거시설이었지만, 세월이 흘러 대성맨숀의 지위는 180도 변합니다. 2018년의 한 신문 기사에서 보면 서울에서 1억원 이하로 거래 가능한 저렴한 아파트라면서 대성맨숀이 언급됩니다. 대성맨숀은 6, 10, 16, 31평형이 있는데, 1억원 이하의 저렴한 아파트는 원룸형인 6평형일 것으로 추정됩니다. 거래 사례를 조사해 보니 2018년 당시 8,440만원이었던 6평형이 22년 4월에는 2억 원에 거래되었음을 알 수 있었습니다. 그래도 서울에서 2억 원으로 아파트를 살 수 있는 곳은 어쩌면 대성맨숀이 유일할 것입니다.

대성맨숀이 아파트임에도 이리 저렴한 이유는 재건축이 불가능하기 때문입니다. 용적률이나 지분도 그렇지만 이곳의 대지는 1종 일반주거지역입니다. 지금 상황에서는 종상향을 받거나, 주변 행촌동 빌라들과 함께 재개발된다면 그때야 비로소 개발이 가능할 것입니다.

대성맨숀
서울시 종로구 행촌동 41-1
1종 일반주거지역
최고 9층, 2개 동, 64세대

나의 가장 친애하는 서울의 오래된 아파트

홍연아파트(1981-84년)

홍연아파트는 저에게 이 책을 집필하고 싶다는 동기를 유발한 아파트입니다. 번잡한 도심에서 다소 벗어난 연희동이라는 한적한 곳에 자리 잡은 홍연아파트를 처음 방문했을 때 받은 감동은, 오래된 아파트만이 갖는 빈티지한 아름다움을 모두에게 알리고 싶다는 일종의 소명 의식을 저에게 부여하였습니다. 세월이 만들어 낸 매력을 그윽이 담고 있는 홍연아파트를 보고 있으면 왠지 행복해집니다.

홍연아파트는 여러 동이 있는데 제가 사랑에 빠진 아파트는 77동입니다. 연한 에메랄드색에, 황토색, 그리고 핑크색이 조화를 이룬 77동은 앞장에서 소개해 드린 행촌동의 '대성맨숀'처럼 그 세련된 색의 조합에 한동안 말문을 잊게 했습니다. 다양한 파스텔색을 전혀 위화감 없이 조화롭게 배치함으로 인해, 흔하디흔한 외관의 아파트 건물임에도 어떤 따스한 목소리를 전달하고 있는 것처럼 느껴졌습니다.

<홍연아파트 77동>

홍연아파트는 현재 1-12동, 17동, 그리고 77동으로 총 14개 동이 있습니다. 원래는 13-23동도 있었으나, 이 동들은 과거 '연희1 주택 재건축' 구역에 포함되었었고, 이 연희1 재건축 구역은 현재 연희파크푸르지오(2018년 입주) 아파트가 되었습니다.

현재 남아 있는 14개 동은 붙어 있지 않고 군락을 이루어 흩어져 있습니다. 1-4동, 5-7동, 8-12동, 그리고 한 동인 17동, 77동의 총 다섯 개 그룹으로 나눌 수 있습니다.

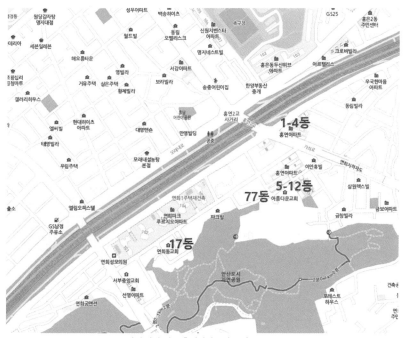

<현재 남아 있는 홍연아파트의 동별 분포도>

　　17동은 지금은 연희파크푸르지오가 된 13-23동이 있던 블록 건너편에 따로 떨어져 있어서 남게 된 것 같았습니다. 17동이 왜 17동인지는 이해가 되었으나, 77동은 왜 77동인지 의문이 들었습니다. 1981년 지어진 다른 동들과 달리 77동은 1983년에 지어졌습니다. 아파트 형태도 다른 동들과 다릅니다. 일대가 다 홍연아파트니, 자신들도 홍연아파트 이름을 쓰고, 동 이름은 행운의 7자를 두 번 쓴 것일까요?

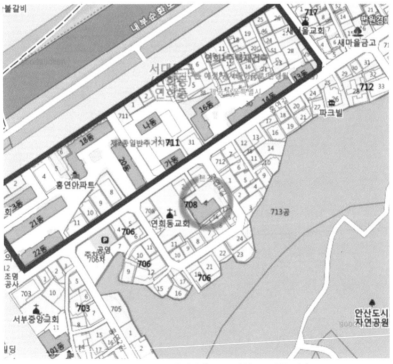

<연희파크푸르지오 자리에 있던 홍연아파트 동들의 분포도 (붉은 원이 17동)>

제가 홍연아파트를 서울에서 둘째가면 서러워할 정도로 매력적인 아파트로 꼽은 이유는 서울 시내 다른 곳에서는 본 적이 없는 독특한 건물 외관과 빈티지 한 색감에 있습니다. 동별로 모양이나 색은 다양했지만, 요즘 아파트에서 보기 힘든 외벽 색이니 레트로한 감각의 외관이 저에게는 매우 매력적으로 다가왔습니다.

<홍연아파트 1-4동>

<홍연아파트 5-7동>

<홍연아파트 11, 12동>

그런데 그룹 별로 다른 점이 있습니다. 1-4동, 5-7동, 11-12동, 이렇게 세 그룹은 색은 달랐지만, 자세히 보니 건물 모양이 유사했습니다. 반면 8-10동, 17동, 77동은 각기 다른 모습이었습니다. 심지어 8-10동과 11, 12동은 입구가 하나라 같은 단지인 줄 알았는데, 층수가 다릅니다. 위 사진처럼 11, 12동은 5층으로 된 아파트인데, 아래 사진의 8-10동은 3층짜리 연립입니다.

<홍연아파트 8-10동>

<홍연아파트 17동>

<홍연아파트 77동>

<같은 듯 다른 홍연아파트 11,12동(좌)과 8-10동(우)>

　모양이 유사한 1-4동, 5-7동, 11동, 12동은 같은 회사가 지었으나, 8-10동, 17동, 77동은 그냥 이름만 홍연아파트로 통일한 것이 아닌지 하는 의심이 듭니다. 답사 때 만난 동네 주민분 말로는 그래서인지 홍연아파트는 과거부터 동 별로 각각 관리해 오고 있다고 합니다. 페인트칠 같은 경우는 옆 동이 하면 바로 옆 동도 그에 맞추어서 하다 보니 몰려 있는 그룹 내에서는 같은 톤으로 유지가 되었다고 하셨습니다.

　저층아파트이긴 하지만 홍연아파트가 속한 곳은 블록별 토지가 크지 않고, 토지가 2종 일반주거지역 7층 이하 제한 지역이라 사업성이 나빠서 지금까지 그대로 남아 있습니다. 연희파크푸르지오가 된 연희1구역 재건축 사업 당시의 13-23동의 사례처럼, 인근 빌라 및 단독들이 재개발되어야 개발이 가능한 상황입니다. 다행히 홍연아파트는 따로 떨어져 있는 1-4동, 17동을 제외한 나머지 동들이 21년 발표된 '연희동 721-6번지 공공재개발' 구역에 포함되었습니다. 공공재개발이 잘 진행된다면 홍연아파트 5-12동, 그리고 77동도 사라질 운명입니다.

홍연아파트
서울시 서대문구 연희동 721-1번지 외
2종 일반주거지역
1-12동(1981년) 최저 3층, 최고 5층, 191세대
17동 (1984년) 최고 5층, 15세대
77동 (1983년) 최고 5층, 20세대

시범아파트가 아직 남아 있는 이유

한남시범아파트(1970년)

서울의 오래된 아파트들에 관해 관심을 갖다 보니, 시민아파트 및 시범아파트에 대해 알게 되었습니다. 시민아파트는 심각한 주택 부족 문제를 해결하기 위해 서울시가 1969~70년 사이에 서민들을 대상으로 대량 공급한 아파트를 말합니다. 주로 산 중턱에 지어진 시민아파트는 과거 신문 기사 등에 의하면 1-2년 새 무려 434동 1만 7,635가구나 지어졌다고 합니다. 이렇게 빠르게 많은 아파트를 지을 수 있었던 이유는 당시 '불도저'라는 별명으로 불렸던 김현옥 서울시 시장의 지도 아래 속도전을 치르듯 부실 공사로 지어졌기 때문입니다.

그러다 문제는 생각보다 일찍 발생합니다. 1970년 4월 마포 와우아파트(현재 마포 와우산 체육공원)가 붕괴합니다. 이 사고로 33명이 사망하면서, 김현옥 시장은 물러나고, 시민아파트 건립은 중단됩니다.

<지금은 사라진 서대문구 천연동 금화 시민아파트, 1969년 >
출처-서울역사아카이브, 『돌격 건설! 김현옥 시장의 서울 II : 1968-1970』(2013), 142쪽

<와우아파트 붕괴 사고 희생자 합동위령제, 1970년 4월 11일>
출처-서울역사아카이브, 『돌격 건설! 김현옥 시장의 서울 II : 1968-1970』(2013), 155쪽

이후 서울시는 서민층보다는 중산층을 위해 아파트를 짓는다면서 그 명칭도 '시범아파트'로 바꿉니다. 세월이 흘러 94년 성수대교, 95년 삼풍백화점 붕괴 사건이 발생하며 사회 전반에 안전 문제에 대한 인식이 생겨납니다. 그러면서 안전상의 문제가 우려된다고 하여 시민아파트들은 1990년대 후반 대부분 철거됩니다.

1970년 마포 와우아파트 사건이 4월에 발생하였는데, 그 해 지어진 시민아파트 중 아직 남아 있는 곳들이 있습니다. 시민아파트란 이름이 부정적인 이미지를 가져서였는지, 지금 남아 있는 아파트들은 여의도 시범아파트를 제외하곤 사실상 서민용 시민아파트지만 '시민아파트'란 이름 대신 '시범아파트'의 명칭을 쓰고 있습니다. 남아 있는 유명한 시민아파트 즉 시범아파트로는 남산 자락의 회현제2시범아파트, 서부 이촌동의 이촌시범아파트와 중산시범아파트, 그리고 이곳 한남시범아파트가 있습니다.

이들 아파트는 모두 서울시 소유의 땅 위에, 건물에 대한 권리로만 분양이 이루어진 아파트들로, 오늘날의 용어로 하자면 '토지임대부 아파트'에 해당합니다. 토지에 대한 권리가 없으므로 재건축하려면 시로부터 토지를 매입해야 하는데, 비용에 대한 소유자들의 현실적인 부담 및 토지매입비 산정 관련 협의가 이루어지지 않아 아직도 남아 있습니다.

\<여의도시범아파트\>

\<한남시범아파트\>

<회현제2시범아파트>

<중산시범아파트>

한남시범아파트도 이런 성격의 아파트라 아직 재건축이 이루어지지 못하였습니다. 다만 다른 아파트들과 다른 점은 입지가 한남동이라는 부촌에 있어 주민들이 적극적으로 재건축을 추진하고자 하였고, 2017년 시로부터 일부 부지를 매입하는데 성공합니다. 이어 2020년 소규모 재건축으로 조합설립이 되었으나, 아파트가 깔고 앉아 있는 토지 중 매입하지 못한 일부 필지가 도시계획 상 공원이라고 합니다. 주민들은 이를 재건축 사업지로 편입하고 싶어 하나, 시에서는 재건축 후에는 원래대로 공원이 되어야 한다며 불가하다는 방침이 발표되어 재건축 사업의 지연이 예상됩니다.

세월의 흔적이 가져다준 한남시범아파트의 퇴색한 모습이 누군가에
는 그저 낡은 아파트로 다가오겠지만 2023년 어느 따스한 봄날에 그곳
을 방문한 저에게 준 인상은 아파트의 빛바랜 색이 선사하는 비현실적
인 아름다움이었습니다. 벚꽃, 목련꽃, 단지 앞에 자란 푸른 나무, 화단
에 누군가 심어놓은 튤립이 한남시범아파트의 연한 핑크 및 민트색과
어우러져 한 폭의 그림 같은 화사함을 전해주었습니다. 사진으로는 그
아름다움이 충분히 담아내지지 않아 아쉬울 따름입니다.

한남시범아파트
서울시 용산구 한남동 1-349
1종 일반주거지역
최고 5층, 4개 동, 120세대

숨겨진 정원

용산동아파트(1969년)

경리단길에서 남산터널 방면으로 가다 보면 남산 대림아파트 못 가서 오른편에 작은 아파트 단지를 발견하게 됩니다. '용산동아파트'라고 쓰인 현판이 있어서 그 이름을 알았습니다. 오래된 아파트를 다룬 책들을 많이 보았는데 그 어느 책에서도 이 아파트를 언급하는 이가 없었습니다. 아마 투박하게 일자형 건물들이 'ㄷ'자 형태로 대지 위에 배치된, 개성이라곤 찾아볼 수 없는 아파트여서 일 거 같습니다.

2019년 우연히 지나가다 이 아파트를 발견했을 때 이름부터가 마음에 들지 않았었습니다. '용산동' 아파트. 지명을 그냥 아파트 이름으로 하다니. 너무 무성의한 거 아닌가.

그런데 이 용산동아파트와 관련해 단 한 가지 제 마음에 들었던 점이 있습니다. 바로 아파트 채색이었습니다.

<2019년 촬영한 용산동아파트>

<2023년 촬영한 용산동아파트>

　핑크와 벽돌색의 빈티지한 투톤의 색 조합이 레트로 아파트의 느낌을 물씬 풍겨서 좋았습니다. 그러다 2023년, 오랜 만에 다시 아파트를 방문했는데, 그 사이 빈티지하게 예뻤던 도색이 성의 없는 회색 조합으로 바뀌어 있어서 안타까웠습니다.

　다소 실망하며 남산대림아파트 쪽으로 난 '가'동 입구 쪽을 보러 갔습니다. 그런데 그 순간, 너무나 예쁜 공간이 눈에 들어왔습니다. 분명 과거 방문했을 때도 보았던 곳인데, 봄에 핀 은은한 색의 꽃들과 싱싱한 녹색의 풀이 어우러지니 회색 톤의 아파트와 낡은 철조망, 지금은 아무도 보초를 서지 않는 경비실이 만들어 내는 풍광이 영화의 한 장면 같은 모습이었습니다.

사진을 찍고 있으니, 청소하러 오신 경비원분이 물으셨습니다.

"뭘 찍는 거에요?"
"아 네. 아파트랑 그 옆 꽃이 예뻐서요"
"응. 이게 이뻐?"
"네. 근데 여기는 재건축 안 하나요?"
"여기는 남산고도 제한 때문에 재건축 못 해.
　사람들이 3~4년 지나면 바뀌어.
　아무래도 아파트가 오래 되어서 살기 불편하니까"

　남산고도 제한이 완화된다는 말도 있고, 용산동아파트 인근 단독 및 상가 블록이랑 같이 개발할 수 있다는 말도 있지만, 당분간은 지금의 모습 그대로 있을 것 같습니다.

용산동아파트
서울시 용산구 이태원동 669
2종 일반주거지역
최고 7층, 3개 동, 96세대

핫플레이스 옆 레트로아파트

연남아파트 (1970년)

2015년에 경의선이 지하화되고 그 위로 숲길이 조성되면서 연남동 일대가 굉장한 핫플레이스로 등극하게 됩니다. 여름에 경의선 숲길 주변에서 젊은이들이 노상에 앉아 맥주를 마시는 모습도 이제는 너무 흔해졌습니다. 그 모습이 마치 센트럴파크 같다 하여 '연트럴파크'라는 별명이 붙었습니다. 그러면서 자연스레 홍대입구역에서부터 시작해 카페, 맛집, 술집, 잡화점, 갤러리, 복합문화공간, 공방 등 젊은이들을 대상으로 한 점포들이 계속 생겨 북측의 연남교 주변까지 그 범위가 확장됩니다. 연남교 주변의 이곳은 '연남동 끄트머리'라 하기도 하고, 일대 토지 모양이 세모라 '세모길'이라는 애칭으로 불리기도 합니다.

이 세모길 일대 지역은 기차가 다니던 시절에는 고립된 지역으로 도시가스도 들어오지 않을 정도로 매우 열악한 곳이었다고 합니다. 지금도 가 보면 길들이 매우 좁습니다.

<연남동 세모길 위치>

그런데 2015년 경의선 숲길이 조성되고, 2018년 골목길 조성사업을 하면서 동네가 밝아졌습니다. 담벼락으로 막혀 있던 곳이었는데, 담을 없애니 골목이 생겼고, 골목 주변의 단독주택들은 아기자기한 꼬마빌딩으로 변합니다. 그곳에 카페, 디저트 가게, 브런치 레스토랑, 아틀리에, 독립책방, 수제 요구르트 전문점, 한식 주점 등 다양한 로컬 상인들이 입점하면서 이제는 그 어느 곳보다도 젊은이들이 선호하는 동네가 되었습니다.

연남아파트는 이 세모길 블록 안에 자리 잡고 있습니다. 주변의 단독들은 거의 상가로 바뀌었는데, 힙한 가게들 사이에 1970년에 지어진 주공 마크가 붙은 아파트가 있는 것입니다.

연남아파트는 원래 '연희 새마을아파트'란 이름을 갖고 있었다고 합니다. 현재의 연남동은 과거 연희동에 속했던 곳으로, 1975년 연희동의 남쪽이 분리되면서 지금의 연남동이 생깁니다. 박정희 정권 시절 청와대 경호원들 숙소로 만들어졌다고 전해지는 연희 새마을아파트는 이후 연남아파트로 불리게 됩니다.

아파트 자체는 콘크리트로 된 5층 건물이라 큰 특색은 없지만 세월이 선사한 고유의 빈티지한 분위기는 주변의 경의선 숲길 공원과 어우러져 매우 평화로운 분위기를 선사합니다.

아파트는 낡았으나, 근처에 젊은이들이 선호하는 공간이 많아 임대는 잘될 거 같습니다. 과거에는 선호하지 않았던 동네이나, 서울에서 핫한 상가들이 가장 많이 생기고 또 없어지고 하는 연남동에 위치해 있기에 만약 재건축이 된다면 꽤 인기 있는 아파트가 될 거 같습니다. 한때 재건축이 추진되었으나 2종 일반주거지역 7층 이하 제한을 받아 사업성이 안 나오니 진행이 잘 안 되었습니다. 그러다 서울 부동산 경기가 좋아지면서 현재 LH가 지원하는 가로주택정비사업을 추진한다고 합니다.

연남아파트 혹은 새마을아파트
서울시 마포구 연남동 244-15
2종 일반주거지역
최고 5층, 3개 동, 70세대

히든 플레이스

뉴후암아파트(1973년)

　용산이 가까워 일제강점기 일본인들의 대표 거주지이기도 했던 후암동에는 오래된 아파트가 많습니다. 동자아파트(1969년), 신후암맨션(1971년), 후암맨션(1974년), 후암동 미주아파트(1980년), 뉴후암아파트(1973년)가 있습니다. 이 아파트 들 중 가장 마음이 가는 아파트가 뉴후암아파트였습니다. 아파트의 아담한 내외부 모습도 이뻤지만, 무언가 안쓰러운 마음이 들었기 때문입니다.

　2019년 처음 뉴후암아파트를 찾아가기 위해 지도를 보다가 좀 놀랐습니다. 왜냐면 아파트 입구가 후암동 미주아파트 단지 내에 있었기 때문입니다. 즉 뉴후암아파트를 가기 위해서는 반드시 후암동 미주아파트를 통과해야만 합니다. 후암동 미주아파트 단지를 통과해, 맨 안쪽 동인 미주아파트 3동의 왼편에 이곳 뉴후암아파트가 있습니다.

<후암동 미주아파트>

 뉴후암아파트 입구에 아파트 이름을 새긴 나무로 된 현판이 걸려있습니다. 이름을 왜 '뉴'후암이라고 굳이 영어를 넣어 지었을까? 생각해보니 뉴후암아파트가 지어진 1973년보다 2년 먼저 지어진 '신후암맨션'이 근처에 있습니다. 이 맨션과 구분 짓기 위해서 고민하다 이름을 이렇게 지은 것이 아닐지 추정해 봅니다.

　　재미있는 점은 현판에 새겨진 이름이 '뉴'후암이 아니고 일본식 장음을 넣온 '뉴-'후암이라는 점입니다. 영어 단어 'new' 를 일본어에서는 'ニュー'라고 씁니다. 오래된 신문의 아파트 분양 광고에서 가끔 아파트를 '아파-트'라고 쓴 것과 유사한 맥락인 것 같습니다. 1973년의 뉴후암아파트 분양 공고에서도 광고지 하단에 '뉴-' 후암아파트라고 표기한 것을 찾을 수 있었습니다.

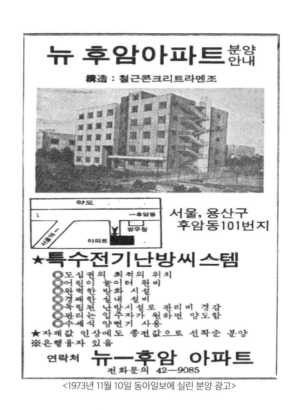

<1973년 11월 10일 동아일보에 실린 분양 광고>

 뉴후암아파트 내부는 생각보다 깔끔했습니다. 연한 민트색, 흰색, 검정의 세 가지 색만으로 내부 벽 및 문, 계단의 난간 색을 통일했습니다. 무척 정갈한 느낌을 줍니다.

다른 아파트 단지 안에 위치한 뉴후암아파트 부지는 말하자면 도로에 접하지 못한 맹지입니다. 그래서 뉴후암아파트 혼자서는 어떤 개발 행위도 할 수가 없습니다. 후암동 미주아파트가 재건축이 된다면 같이 해야 할 거 같습니다.

뉴후암아파트
서울시 용산구 후암동 426
2종 일반주거지역
최고 5층, 1개 동, 29세대

네이밍 센스에 반하다

노량진 미니맨숀(1974년)

재개발이 진행되고 있는 곳을 임장 가는 건 항상 즐겁습니다. 가 본 적이 없는 낯선 동네를 몇 시간씩 직접 걸어서 다니는 건, 마치 몇 시간 동안 짧은 여행을 하는 기분이 들게 하기 때문입니다. 그렇게 걷다 보면 멋진 한옥을 발견하기도 하고, 오래된 단독주택 창에 있는 이쁜 모양의 예술 작품 같은 창틀에 감탄하기도 하고, 우연히 들어간 식당이 알고 보면 엄청난 내공을 지닌 노포 식당이기도 합니다. 아파트를 좋아하는 저에게 가장 큰 즐거움은 몰랐던 오래된 맨션이나 연립을 우연히 발견하는 순간입니다. 이곳 노량진 미니맨숀도 그런 곳이었습니다.

노량진 재정비촉진구역 3구역을 다니다 우연히 이 맨션을 발견하였습니다. 단독주택과 낡은 빌라들 사이에서 수줍게 자리 잡은 이 건물을 멀리서 보았을 때는 별 감흥이 없었습니다. 어 여기도 아파트 같은 게 있네? 하는 정도의 마음이었습니다.

그런데 현관에서 누군가 돌 위에 손으로 새긴 현판을 발견했을 때는 이 작은 콘크리트 건물에 애착이 생겼습니다. '미니맨숀'이라니. 말 그대로 대지 100평의 작은 4층짜리 상아색의 콘크리트 건물. 5층 이상의 건물이 아파트에 해당하기 때문에 노량진 미니맨숀은 엄밀히 말하자면 빌라에 가깝습니다.

특별한 건축 양식이 있다든지, 건물 구조가 특이하다든지, 맨션의
외부 도색이 엄청 이쁘다든지 하는 건 아니었지만, 누군가 손으로 새긴
이 '미니맨숀'이란 이름 때문에 평범한 콘크리트 건물이 새로운 느낌으
로 다가왔습니다.

김춘수 시인의 유명한 시, '꽃'의 한 구절이 떠올랐습니다.

내가 그의 이름을 불러주기 전에는
그는 다만
하나의 몸짓에 지나지 않았다.

내가 그의 이름을 불러 주었을 때
그는 나에게로 와서
꽃이 되었다.

노량진 재개발 구역에 속해 있기에 이 귀여운 노량진미니맨숀도 사
라질 운명입니다.

노량진미니맨숀
서울시 동작구 노량진동 232-192
3종 일반주거지역
최고 4층, 1개 동, 15세대

도심 속의 멋진 산장

충정맨숀(1979년)

인터넷에서 우연히 너무나 위엄있는 글씨체로 쓰인 '충정맨숀'이란 현판을 보고 한눈에 반했습니다. 이렇게 멋진 글씨의 현판을 걸고 있는 곳이 어디지? 검색해 보니 이름 그대로 충정로에 위치해 있었습니다.

저는 한때 근처에서 산 적이 있어서 일대를 나름 잘 알고 있다고 생각했는데, 이런 이름의 맨션아파트는 들어본 적이 없었습니다. 위치를 보니, 충정로역에서 꽤 먼 교통이 다소 불편한 곳에 있었습니다. 역에서 나와 15분가량 언덕을 오르고 또 걸었습니다.

충정맨숀 바로 옆에 동보빌라라고 더 지대가 높은 빌라가 있어 그곳에 먼저 가 충정맨숀을 내려다본 순간, 저는 할 말을 잃었습니다. 푸른 숲에 둘러싸인 충정맨숀의 모습은 말 그대로 한편의 회화작품이었습니다.

　숲으로 둘러싸인 이 충정맨숀의 입구에서 인터넷에서 보았던 그 멋들어진 현판을 발견했습니다. 감탄하며 드디어 단지로 들어섰습니다.

　충정맨숀은 2층까지 있는 정확히는 연립주택 단지였습니다. A부터 F까지 총 6개 동이 옹기종기 모여 있었습니다. 단독주택들이 모여 있는 느낌을 주는 충정맨숀의 연립들은 오랜 시간이 지나면서 소유주의 취향대로 조금씩 개조되어 얼핏 보면 다른 모습인 듯했지만, 자세히 보니 비슷한 방식으로 지어져 있었습니다. 푸른 수풀로 둘러싸인 충정맨숀의 모습은, 이곳이 서울의 번화한 도심 한복판이라는 사실을 잊게 했습니다.

    충정맨숀이 이처럼 오래된 모습 그대로 남을 수 있었던 이유는 이곳
이 북아현3구역 재개발 구역에 속해 있기 때문입니다. 지난 10여 년간
답보상태였던 북아현3구역은 시의 부동산 경기가 좋아지며 사업이 본
격적으로 재개되어 23년 시점으로 사업시행인가를 준비 중입니다. 재
개발 사업이 진척된다면 5년여 정도의 기간 내에 철거되지 않을까 싶습
니다.

충정맨숀
서울시 서대문구 충정로3가 7-1
2종 일반주거지역
최고 2층, 6개 동, 19세대

몬드리안의 작품 같던 입구

덕화맨숀(1978년)

건국대학교 입구 역 근처, 화양동에 '맨숀'을 붙인 이름의 연립단지가 있다고 누군가 알려주서서 이곳을 처음 방문해 보았습니다. 화양제일시장의 상권 자락에서 그리 멀지 않은 곳에서 '덕화맨숀'이라는 이름을 단 아담한 연립단지를 찾았습니다. 붉은색 벽돌 외벽에 하얀 색으로 새겨진 '덕화맨숀'. 예스러운 글자체가 눈길을 사로잡았습니다.

ㄷ자형으로 A, B, C 세 개 동으로 구성된 2층짜리 연립 단지인 덕화맨숀은 주변의 번화한 상권과 대조적으로 평화로운 분위기를 지니고 있었습니다. 방문했을 때가 여름 초입이라 푸르른 풀들과 진회색 빛의 연립 외벽이 잘 어울렸습니다.

사진을 찍고 있으니 덕화맨숀 바로 앞에 위치한 세탁소 주인아저씨가 나오서서 물으셨습니다. 재건축 때문에 업체에서 온 거냐고 말이죠. 그냥 맨숀 모습이 이뻐서 찍는 거라 하니 봄에 오면 벚꽃 때문에 훨씬 더 예쁘다고 하십니다.

연립의 전체적인 모습도 아름다웠지만 제 마음을 사로잡은 건 각 세대로 들어가는 입구를 장식하고 있는, 다양한 질감의 돌 소재 조각들로 구성된 외벽이었습니다. 남은 부자재를 활용한 것인지 처음부터 의도해서 만든 것인지는 알 수 없지만, 얼키설키 다양한 조각들을 이어 붙인 작품이 매우 이색적이었습니다. 몬드리안의 추상화 작품이 연상되었습니다.

이곳 덕화맨숀의 주변은 원룸촌으로, 오래된 단독들은 대부분 빌라 및 다가구로 이미 재건축이 되었습니다. 1978년 지어진 덕화맨숀도 이제 재선축을 준비 중입니다 전체 대지가 크지 않아 여지껏 재건축이 되지 못한 듯한데, 현재는 '덕화연립 가로주택정비사업'이란 이름으로 제건축 사업이 추진 중입니다.

덕화맨숀 (덕화연립)
서울시 광진구 화양동 32-12
2종 일반주거지역
최고 2층, 3개 동, 20세대

마포 한복판의 고풍스러운 연립

신덕맨숀(1981년)

공덕역에서 도보 10분 거리. 공덕시장을 지나서 조금만 걷다 보면 얼마 못 가 이 낡은 연립단지를 발견하게 됩니다. 길 건너 도보 1분 거리에는 서울 공덕초등학교도 있습니다. 이런 최고 입지의 마포 시내 한복판에 낡은 연립이 아직 존재한다니. 단지 입구에 걸린 낡은 현판이 지난 세월을 짐작하게 해 줍니다. 이곳의 이름은 '신덕맨숀'입니다. 신공덕동이라 이름이 신덕맨숀일까요.

낡은 현판 모습에 처음에는 단지 안으로 들어서기가 다소 망설여졌습니다. 그러나 단지 안으로 들어서서 마주한 이곳의 모습은 별세계였습니다. 신덕맨숀은 오래된 연립이 지닌 매력을 가득 품은 너무나 멋진 공간이었습니다. 핑크와 상아색, 붉은 벽돌색이 어우러진 연립의 외관 모습은 너무나 고풍스러웠고, 연립으로 들어가는 계단에 칠해진 녹색과 갈색의 비비드한 칼라도 신덕맨숀의 빈티지한 외관과 묘하게 잘 어울렸습니다.

　세 개 동이 대지를 둘러싸고 있고, 단지 가운데는 공동의 마당이자
주차장으로 쓰이고 있었습니다. 이곳에서 조금만 걸어 나가면 마포대
로로, 고층빌딩들이 즐비한데 이런 한가로운 풍경이라니. 복잡한 도심
풍경과 대비되는 이런 한적한 풍광이야말로 오래된 연립주택이 선사
하는 큰 매력입니다. 매력적인 모습 때문인지 이 신덕맨숀은 가수 아이
유가 주연한 유명 드라마 '나의 아저씨'에서 고두심 아주머니의 집으로
등장했다고 합니다.

　　마포 한복판 황금 입지에 자리한 신덕맨숀은 현재 맨션 바로 왼편의
건물과 함께 지역주택조합 사업을 추진 중이라고 합니다. 원수에게 권
히는 게 지역주택조합 사업이라는데, 과연 토지수용율 95%를 달성해
서 이 사업이 성공할 지 그 귀추가 주목됩니다.

신덕맨숀 (신덕연립)
서울시 마포구 신공덕동 6-3
2종 일반주거지역
최고 3층, 3개 동, 48세대

알록달록, 각자의 개성이 드러난 출입구

양지맨숀(1976년)

용산구 동빙고동 쪽에는 1970년대에 지어진 오래된 연립주택들이 많습니다. 양지맨숀(1976년), 동서연립(1977년), 한강연립(1979년), 강변연립(1979년) 등이 있습니다. 이 연립단지 중 가장 대규모이기도 하고, 또 그만큼 많은 매력을 지닌 곳은 단연코 이곳 양지맨숀입니다.

2층짜리 연립 총 11개 동으로 구성된 양지맨숀은 무엇보다 외관에서 기존에 보던 연립주택과는 사뭇 다른 점을 볼 수 있었습니다. 동별로 공동의 출입구를 통해 건물 내로 들어가, 그곳에서 각자 자신들의 세대로 들어가는 일반적인 연립이나 아파트들의 구조와 달리, 이곳 양지맨숀 세대들은 각자 자신들의 집으로 바로 들어갈 수 있는 대문이 건물 바깥에 나 있었습니다.

시간이 많이 흐르면서 주인들이 각자 자신의 취향대로 대문을 교체하거나, 세대로 올라가는 계단을 수리하다 보니, 출입구의 모습이 제각각인 점이 매우 재미있었습니다. 각자의 개성이나 성격이 그대로 드러나는 듯하였습니다.

　　아기자기한 양지맨숀의 외관만큼이나 살고 있는 사람들의 모습도 다양하였습니다. 연세가 꽤 많으신 듯한 할아버지, 아장아장 걷는 아이와 손을 잡고 나오는 30대로 보이는 여성, 대학생 같아 보이던 젊은 청년, 큰 소리로 음악을 듣던 백인 외국인 등 다양한 이들과 마주쳤습니다. 다채로운 이들의 모습에서 용산이란 지역의 복잡다단한 면을 잠시 들여다볼 수 있었습니다.

　　1976년 지어진 양지맨숀은 이제 지어진 지 60년이 다 되어 갑니다. 동빙고 쪽의 다른 연립주택들과 같이 양지맨숀은 현재 한남5재정비촉진구역에 포함되어 있습니다. 23년 시점으로 한남5재정비촉진구역은 사업시행인가를 앞두고 있습니다.

양지맨숀
서울시 용산구 주성동 1-7
2종 일반주거지역
최고 2층, 11개 동, 70세대

고색창연

한남맨숀(1978년)

한남오거리에서 강변북로 방향으로 가기 위해 독서당로를 내려오다 보면 오른편에 주공 마크를 단 아주 낡은 연립을 발견하게 됩니다. 너무나 빈티지한 글씨체로 '한남맨숀'이라 쓰여 있기에 이름을 모를 수가 없습니다. 아파트도 아니고 2층짜리 연립주택인데, 이름에 맨션을 넣었습니다. 맨션의 어원이 고급 주택인데, 대한주택공사 마크가 두 개나 붙어 있는 낡은 연립 건물에 '맨션'이라고 이름 붙인 건, 맨션이 되고 싶은 마음을 표현한 것일까요.

차를 타고 지나가다 늘 보곤 하는 이 맨션을 꼭 한번 방문해 보고 싶었습니다. 이곳 한남맨숀은 한남동 재개발 구역 중 속도가 가장 빠른 한남재정비촉진구역 3구역 내에 위치해 있어 1~2년 새 사라질지도 모르기 때문입니다.

'ㄱ'자형의 단지 모양을 한 한남맨숀은 그 낡은 모습이 군산의 유명한 적산가옥인 '히로쓰가옥'을 연상시켰습니다.

제가 오래된 아파트나 연립을 좋아하는 이유는 오래된 것만이 갖고 있는 독특한 아름다움 때문입니다. 한남맨숀을 처음 보았을 때 왜 '오래된 것이 아름답다'란 표현이 있는지 진심으로 깨달았습니다.

한남맨숀을 포함하여 이 책의 1장에서 지금까지 총 18개의 맨션을 소개하였습니다. 1장에 소개된 맨션들의 선별 기준은 '오래된 것의 아름다움'이었습니다. 1장의 제목을 정하면서, 그 아름다움을 어떤 단어로 압축해 설명할지 무척 고민했습니다. 그러다 선택한 단어가 1장의 제목이 된 '고색창연'입니다. 국어사전에서는 그 뜻을 다음과 같이 설명하고 있습니다.

고색창연; 오래되어 예스러운 풍치나 모습이 그윽하다

한남맨숀이야말로 이 '고색창연'의 뜻을 잘 보여주는 맨션이라 생각합니다. 소박한 연립이지만 시간이 만들어 준 그 그윽한 분위기가 너무나 고혹적이었습니다.

한남맨숀
서울시 용산구 한남동 557-39
3종 일반주거지역
최고 2층, 1개 동, 22세대

제2장 도시 속의 도시

도시 속의 도시

세운상가(1967~71년)

서울을 다니다 보면 저층부는 상가이고, 상층부는 주거용 아파트인 '상가형아파트'를 보게 됩니다. 상가만 이용하다 보면, 상층부에 일부러 올라가 보지 않는 한 그곳에 아파트가 있는지 알 수가 없습니다.

길을 가다 이 책에 나온 상가아파트 근처에 가게 되고, 만약 시간적, 정신적 여유가 있다면 아파트 층을 한 번 방문해 보시길 권합니다. 저층부의 활발한 상권에 비해 한적한 분위기를 지닌 상층부의 아파트 공간에 들어서면 마치 현실과 동떨어진 별세계로 진입한 것 같은 생경함을 느끼게 됩니다. 그리고 그 공간이 주는 매력에 반하기 쉽습니다. 세운상가 아파트들도 그런 공간들입니다.

지금은 '힙지로' 즉 을지로가 뜨면서 세운상가에도 힙한 크리에이터들이 운영하는 상점들이 많이 생겼지만, 불과 5~6년 전만 해도 사람들이 세운상가를 방문할 일은 많지 않았습니다.

저도 그중에 한 명으로, 세운상가에 대해 제대로 아는 바가 없었습니다. 그런데 세운상가에 아파트가 있다는 사실을 알고 제대로 조사해 보니 재미난 점이 많았습니다.

흔히들 종묘 앞에 있는 세운상가라고 쓰인 건물만 세운상가인 줄 알기 쉽습니다. 하지만 세운상가는 종로에서 청계로, 을지로, 퇴계로까지 이어지는, 길이가 약 1km에 달하는 일련의 주상복합상가 건물들 전체를 칭하는 말입니다. 세운상가, 청계상가, 대림상가, 삼풍상가, 풍전호텔, 신성상가아파트, 진양상가아파트 이렇게 총 7개 동이 세운상가에 해당합니다.

원래 이 세운상가들이 있던 자리는 일제 강점기 공습 시 화재가 번질 것에 대비해 일부러 빈 땅으로 비워 놓은 이른바 '소개공지'였습니다. 해방 이후 국유지인 이곳에는 피난민들이 지은 판자촌이 가득 들어서게 됩니다. 그러면서 '종삼'이란 별칭으로 불리기도 했던 사창가도 크게 형성이 됩니다.

1966년 당시 서울시 시장인 김현옥은 이 일대를 정비할 결심을 합니다. 그리하여 박정희 대통령의 허가하에 판자촌 및 사창가를 철거 후 대규모의 상가아파트를 건립할 계획을 세웁니다. 당시 건축계의 대가라 할 김수근에게 설계를 의뢰하고, 여러 건설회사들에 시공을 맡겨 이 일련의 거대한 건물군들을 세우게 됩니다.

처음 지을 때는 8개 동이었는데, 가장 북단에 있던 현대상가는 2009년 오세훈 시장 재임 시절 '녹지 축 조성사업'의 일환으로 철거되고 현재는 공터로 남아 있습니다.

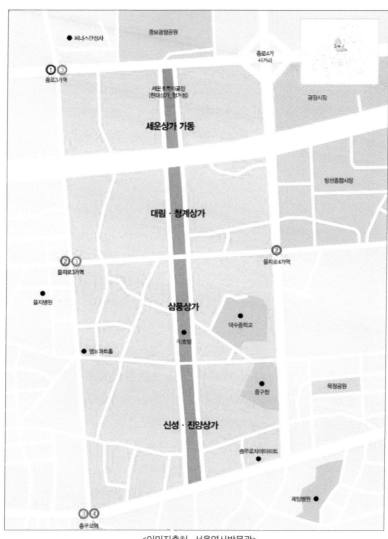

<이미지출처- 서울역사박물관>

172

　'세운'은 '세상의 기운이 모인다'란 뜻과 우리 힘으로 직접 '세운'이라는 의미에서 온 말로, 이는 김현옥 시장의 아이디어였다고 전해집니다. 1967년 7월 26일 동아일보에 처음 세운상가 아파트 준공 관련 뉴스가 올라옵니다. 이어 시차를 두고 건물들이 3-4년 새에 준공됩니다.

　현재의 세운상가 건물들의 이름은 그 건물을 지은 건설회사들에서 온 것들입니다. 현대건설이 철거된 현대상가와 세운전자상가를, 대일건설이 청계상가를, 대림건설이 대림상가를, 삼풍건설이 삼풍상가(현재 삼풍넥서스)를, 풍전산업이 풍전상가(현재 호텔PJ)를, 신성공업이 신성상가아파트를, 그리고 진양종합건설이 진양상가아파트를 지었습니다. 초창기에는 세운상가 가동(세운전자상가), 세운상가 나동(청계상가, 대림상가), 세운상가 다동(삼풍상가), 세운상가 라동(신성상가)으로 불리기도 했었습니다.

　70년대 이후의 몇몇 기사들을 보면 이 세운상가 아파트들이 얼마나 번성했는지 알 수 있습니다. 세운상가는 '도시 속의 또 다른 도시'라 할 만큼 없는 게 없는 별천지였다고 합니다. 백화점, 미장원, 이발관, 식당 등의 상가는 물론이고 사우나, 카바레, 술집, 골프장, 볼링장, 기원, 당구장, 병원, 은행, 예식장, 심지어 교회까지 있었다고 합니다.

　세운상가 건물들은 초창기에는 호화판 주거지로 세간의 비난을 받기도 하였으나, 점차 건물이 노후화되어 가고 70년대 강남 개발, 86년 용산전자상가의 신설 등으로 사람들이 떠나가면서 쇠락해 갑니다. 이에 2006년 취임한 오세훈 시장은 세운상가를 없애고 녹지 축으로 개발하고 싶어 했으나, 2011년 박원순 시장 취임으로 없던 일이 되고, '다시 세운'이란 이름의 도시재생 프로젝트가 실행됩니다.

<SaeWoon Na라고 쓰여 있는 대림상가 564호의 낡은 문패>

朴　泳　奭 氏 弟　　性　　勳 君

金　東　成 氏 次女　京　　子 嬢

위　두사람이　華燭을　밝히고저　하오니

부디　오셔서　祝福하여　주시기　바랍니다

主禮 申　斗　　泳 先生

請牒人 朴　鍾　國　　金　璨　會

金　正　男　　金　慶　男

日　時 ：　1971年 10月 16日 (陰 8月 28日) 〔土〕 午後2時

式　場 ：　世 運 禮 式 場 은실 〔國都劇場앞 세운상가 나棟4層〕

<1971년 만들어진 한 청첩장. 세운상가 나동 4층의 세운예식장이 식장으로 되어 있다 >

(이미지 출처 - 서울역사박물관 소장 자료)

북측인 종묘 아래부터 시작해 세운상가 군들을 둘러보았습니다.

세운전자상가

1층부터 4층은 상가이고, 5층부터 8층까지가 아파트입니다. 아파트는 이제는 주거 공간보다는 대부분 사무실로 쓰이고 있었습니다.

세운전자상가 아파트는 가운데 중정이 있고, 긴 'ㅁ'자 형태로 세대가 배치된 복도식 아파트였습니다. 5층에서 위를 올려다보았을 때, 투명한 천정에서 비추는 햇살을 받는 기하학적 대칭 구조의 복도들이 무척 아름답게 느껴졌습니다.

<세운전자상가 관리사무실>

　김수근은 세운상가 건물들을 설계할 당시, 1층으로 가지 않고도, 공중 보행로를 통해서 모든 건물이 연결되도록 지었습니다. 세운전자상가에서 나와, 이 공중 보행로를 통해 세운전자상가 남측의 청계상가 및 대림상가 건물로 건너가 보았습니다.

청계상가, 대림상가

청계상가, 대림상가는 세운전자상가처럼 4층까지는 상가이고, 5층
이상이 아파트 공간입니다. 세운상가처럼 대부분 사무실로 쓰이고 있
었습니다. 청계상가와 대림상가 모두 상층부 아파트 부위는 세운전자
상가와 유사한 형태의 중정이 있습니다.

<청계상가아파트의 중정>

<대림상가아파트의 중정>

청계상가와 대림상가는 두 상가가 붙어 있다는 점이 신기했습니다. 세운전자상가와 가까운 쪽이 청계상가이고 남측에 위치한 게 대림상가입니다. 청계상가는 8층까지 있는데, 대림상가는 남측은 12층, 청계상가와 접한 북측 쪽은 5층으로 되어 있습니다. 두 상가가 붙어 있다 보니, 청계상가와 대림상가를 연결해 주는 대림상가 5층의 옥상은 도심 속 거대한 휴게 공간이 되었습니다.

<대림상가 5층의 옥상 출구 쪽에서 찍은 청계상가의 후면부 모습>

<대림상가 5층 옥상에서 찍은 12층까지 있는 대림상가의 후면부 모습>

<대림상가의 남측 전면부를 찍은 모습>

삼풍상가, 풍전상가

 삼풍상가는 삼풍넥서스란 이름의 오피스 빌딩으로, 풍전상가는 호텔PJ로 리모델링되어 과거 삼풍상가 및 풍전상가 시절의 모습은 이제 찾기 어렵습니다.

<삼풍넥서스 빌딩>

신성상가

사실 제가 가 보고 싶었던 곳은 충무로 쪽에 가까운 신성상가아파트
와 진양상가아파트였습니다. 현재 대부분 사무실로 쓰이는 세운전자
상가, 청계, 대림상가와 달리 두 건물은 상가 상층부가 여전히 주거용
으로 쓰이고 있다 들었기 때문입니다.

신성상가아파트를 먼저 가 봅니다. 신성상가아파트는 인현동에 있
어 '인현상가'라 불리기도 하였습니다. 5층부터 10층까지가 아파트인
데 182세대나 있습니다. 아파트 내부는 건물 가운데에 계단 및 엘리베
이터가 배치된 복도형 아파트였습니다.

　　엘리베이터를 타고 신성상가아파트의 가장 높은 10층에서 내려 내부를 살펴보다, 뜻밖의 발견을 하였습니다. 10층의 엘리베이터 문 위에 '1967년 12월 25일 상량'이라고 돌에 새겨진 멋진 상량문이 있었습니다. 이 '상량'의 정확한 의미를 사전에서 찾아보니 '목조 건축물에서 지붕을 세우고, 대들보를 얹은 다음, 가장 마지막으로 마룻대를 올리는 일'이라고 되어 있었습니다. 신성상가아파트가 목조 건축물은 아니지만 가장 높은 층인 10층의 공사를 마치고, 상징적으로 상량식을 하며 건물의 안전을 기원한 것이라는 생각이 들었습니다. 참고로 상량문 양 끝에, 한자 '용 용' 자와 '거북이 구' 자를 새겨 놓은 이유가 무엇인지 궁금해 찾아보니, 용과 거북이는 물의 신이므로 이렇게 적어 두면 화재를 막을 수 있다 믿었기 때문이라고 합니다.

진양상가

신성상가아파트 더 남쪽, 충무로 쪽의 진양상가아파트를 가 봅니다. 진양상가아파트는 최고 12층으로 '진양프라자'라 불리기도 하였습니다. 1~4층이 상가로, 한때 국내 최대의 꽃 상가, 혼수 상가였다고 합니다. 진양상가아파트는 충무로역 대한극장 건너편에 위치해 전부터 자주 보았던 건물인데, 저도 오래된 아파트에 관심을 갖기 전에는 그냥 오피스 건물인 줄 알았습니다.

<진양상가 3층의 꽃 상가>

<진양상가의 측면 모습>

　진양상가아파트도 앞의 다른 세운상가 군들처럼 저층부인 1~4층은 상가이고, 고층부인 5층부터 17층까지가 아파트입니다. 아파트 세대수가 284세대나 됩니다. 신성상가아파트에서 상량문을 발견한 경험도 있고 해서, 엘리베이터를 타고 가장 꼭대기 층에서 내렸습니다.

　그런데 엘리베이터 문이 열리는 순간 저는 한동안 그 자리에 얼어붙었습니다. ㅁ자형으로 세대가 배치된, 어찌 보면 별 볼 일 없는 소박한 오래된 아파트 복도 공간이지만, 따스한 햇살이 들이치는 모습이 무척 평화롭게 느껴졌기 때문입니다.

　삭막한 도심 한복판의 상가 층들을 지나 상층부의 아파트 주거 공간에 들어서서 목격한 그 장소는, 누군가에게 따스한 보금자리를 제공해 주는 집이라는 공간의 의미를 잘 보여주는 한편의 그림 같은 풍경이었습니다. 이런 순간을 우연히 포착하는 게 오래된 아파트 답사의 큰 매력입니다.

　진양상가아파트의 한가운데 복도는 원래는 중정이 있어, 아래 층까지 뻥 뚫린 구조였다고 합니다. 그런데 90년대 한 아이가 이곳에서 추락사한 사건이 있고 난 뒤 각 층의 중정 부위를 시멘트로 메꿔 버렸다고 합니다.

이 세운상가 건물들은 초창기에는 호화로운 주상복합 건물들이었으나, 도심부를 가로막는 흉한 거대 콘크리트 구조물이라는 혹평 등을 들으며 80년대 후반부터 계속 개발 관련 말이 있었습니다. 정권이 바뀔 때마다 개발과 보존의 갈림길에서 갈팡질팡해 왔으나, 여전히 도심부 한가운데 위치해 그 위용을 과시하고 있습니다. 일대 세운재정비촉진지구 구역들이 최첨단의 빌딩으로 하나둘 재개발이 되면서 세운상가 건물들에 대한 관심도 높아지고 있습니다. 개발되기 전에 한번 방문해 보셔도 좋을 것입니다.

세운상가 군
서울시 종로구 청계천로, 중구 을지로 일원
일반상업지역
7개 동, 최고 8-17층

1982년 낙원상가의 모습
(사진출처-서울역사박물관, 『낙원떡집』(2020), 76-77쪽)

벽면을 수 놓은 어느 무명작가의 예술작품

낙원상가(1968년)

종로3가역에서 내려서 인사동 쪽으로 가려고 하면 낙원상가 1층에 해당하는 지하터널 같은 삼일대로를 건너가야 합니다. 어두침침한 분위기, 쇠락한 주변 풍경 등으로 선뜻 가기 꺼려지는 곳이기도 합니다. 그러다 보니 악기 상가를 가야 할 일이 있지 않고서는 낙원상가에 들어가 볼 생각은 대부분 하지 못합니다.

하지만 낙원상가는 1970년대만 해도 매우 호화로운 주상복합 아파트로 유명했습니다. 지하에 백화점 수준의 '슈퍼마케트'가 있는 도심 한복판의 고급 아파트였습니다.

낙원상가가 있던 자리는 세운상가가 그랬던 것처럼, 일제강점기 공습에 대비해 만든 공지인 '소개공지'였다고 합니다. 이후 이 국유지를 중심으로 재래시장인 낙원시장이 형성됩니다.

　그러던 중 1966년 서울시는 안국동 쪽에서 종로를 지나 한남동, 경부고속도로까지 이어지는 삼일대로를 건설하고자 합니다. 그런데 이 낙원시장이 걸림돌이었습니다. 도로가 지나갈 자리는 소개공지였던 국유지 1,429평과 낙원시장 상인들이 소유한 땅 1,593평이었습니다. 시는 처음에는 토지 보상금을 지급하고 토지를 수용하고자 했으나, 상인들의 반발이 심했습니다. 이에 합의한 안이 건물을 필로티 방식으로 지어 1층은 서울시가 도로로 쓰고, 윗층은 상가 및 아파트로 사용하자는 안이었습니다.

　문제는 높은 건축비였습니다. 그러던 중 세운상가 나동을 짓기도 한 대일건설이 참여하며 사업이 본격화됩니다. 대일건설은 토지는 없었지만, 당시 10억 원에 달하는 건축비를 부담하되, 아파트 분양에서 얻는 개발 수익과 지분에 기여한 상인들에게 저렴한 가격으로 분양한 상가 외 나머지 상가에 대한 권리를 갖기로 합니다. 이에 대일건설은 상인들의 조합인 낙원상가 주식회사와 공동 건축주로서 사업에 참여합니다. 그 결과 낙원시장 상인들 대부분이 그대로 낙원상가로 들어와 장사를 지속할 수 있었다고 합니다. 그리하여 1968년 서울 도심 한 복판에 지하 1층, 지상 15층, 수용 인원 1만여 명 규모의 매머드급 상가아파트가 도로 위에 건립됩니다.

<1968년 4월 27일 동아일보에 실린 낙원 슈퍼마케트 광고>

<사진 출처 - 서울역사아카이브, 『낙원떡집』(2020), 82-83쪽.>

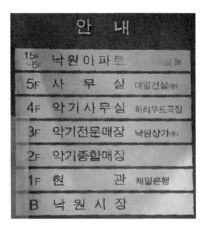

낙원상가 지하는 과거 낙원 시장의 명맥을 이어받아 지금도 많은 상
가가 시장처럼 영업 중이었습니다. (오른편 페이지 참조) 2, 3층에 우리
가 익히 아는 악기 상가들이 있고, 4~5층은 사무실, 낭만극장(구 허리
우드극장) 및 공연장이 있습니다. 5층은 낙원상가를 지은 대일건설이
사무실로 사용 중이었습니다. 그리고 6층부터 15층이 아파트 공간인
이른바 '낙원아파트'입니다.

<낙원시장 내부 모습>

엘리베이터를 타고 아파트 위로 올라가 보았습니다. 'ㄷ'자 형으로
배치된 복도식 아파트인 낙원아파트는 무척 깔끔한 모습이었습니다.
복도의 벽 색인 하늘색, 상아색과 소화전의 빨강색이 묘하게 잘 어울렸
습니다.

아파트 6~8층은 천정이 닫혀 있는데, 9층부터는 가운데가 뚫려 있는 중정이 있는 구조입니다. 중정이 있는 곳에 단상 같은 곳이 있었는데, 여기에서 주민회의 같은 것을 한다고 합니다.

　제가 낙원상가아파트를 책에서 보고 꼭 가보고 싶었던 이유가 있습니다. 바로 9층부터 15층에 달하는 중정 벽면의 거대한 부조 작품을 제 눈으로 직접 보고 싶었기 때문입니다. 정겨운 모습의 모자와 여러 동물들의 조각을 담은 이 뛰어난 작품은 당시 공사를 하던 인부 중 한 명이 '낙원'의 이미지를 상상하면서 만들었다고 전해집니다. 무명의 예술가가 만든 이 작품을 중정 천정에서 은은하게 비추는 햇살과 함께 바라보자니 마음속에서 따뜻한 감동이 밀려옴을 느꼈습니다.

낙원상가아파트는 80년대 말부터 도심의 흉물이다, 1층 도로 밑이 어둡고 지저분하다 해서 재개발 말이 계속 나왔었습니다. 2008년 오세훈 시장 시절 개발 이야기가 나왔다가 2011년 박원순 시장 때 도시재생으로 방향이 전환됩니다. 2021년에 오세훈 시장이 재취임하면서 세운 재정비촉진지구 일대의 개발 청사진이 발표되는 등 다시 구도심 개발 이야기가 나오고 있습니다. 간선도로 위에 공공임대주택을 짓는다는 이야기도 있었던 걸 보면, 도로 위에 지어진 낙원상가도 충분히 재건축이 가능할 거 같긴 합니다. 다만 낙원 상가의 경우 건물 하부가 도로와 주차장으로 뚫려 있어, 건축법상 대지 면적이 없습니다. 대지권 관련해 낙원상가 주식회사와 서울시, 그리고 주변 토지주들 간의 복잡한 권리 문제가 먼저 해결되어야 한다고 합니다.

낙원상가
서울시 종로구 낙원동 288
최고 15층, 1개 동, 아파트 145세대 및 상가

거대한 콘크리트 건물 안의 공중 정원

유진상가(1970년)

홍제동에서 가장 유명한 건물은 이곳 유진상가일 것입니다. 홍제동 주민이 아니더라도 통일로를 지나가다 보면 한 번쯤 봤을 법한 유진상가입니다. 유진상가가 있던 자리는 원래 하천이 있던 곳입니다. 하천을 복개하고 그 위에 지어졌기에 지금도 유진상가 및 아파트 소유자들은 대지 지분이 없습니다.

유진상가가 지어진 이유는 군사적 목적에 있었다고 합니다. 1968년은 김신조 일당의 청와대 기습, 울진 삼척지구 북한 무장 공작원 침투 사건으로 군사적 긴장이 최고조에 달했던 시기입니다. 이에 정부는 세운상가의 일부인 라동 즉 신성상가를 지은 신성건설에 의뢰해 1969년 이 유진상가를 짓습니다. 1층을 너비가 넓고, 높이가 높은 필로티 구조로 만들어 전투 시 탱크를 배치하고, 최악의 경우에는 유진상가를 무너뜨려 시내로 이어지는 통일로나 세검정로를 차단하려 했다고 합니다.

<유진상가 1층의 필로티 모습>

1970년 준공 당시만 해도 유진상가아파트 즉 '유진맨션'은 선망의 대상이었습니다. 아파트도 잘 없던 시절 33평–67평형의 대형 평형으로 구성된 주상복합이었기 때문입니다. 또 유진상가는 준 백화점으로 그야말로 없는 것이 없는 서북권 최고의 상가였다고 합니다.

<유진상가 1층 오픈 상가들의 현재 모습>

　　이런 유진상가아파트에 큰 변화가 찾아온 것은 1994년입니다. 내부 순환로가 지나가는 길에 유진상가가 위치해 있어 일부가 잘려 나가게 된 깃입니디. 3년여 간의 긴 협상 끝에 서울시는 내부순환로 쪽의 B동 2-5층 전부를 수용 매입해 94가구의 주민들을 내보내고 4, 5층을 잘라 냅니다. 3층까지만 남게 된 B동은 현재 상가 및 서대문구 소속의 문화 센터로 쓰이고 있습니다.

　　94년 협상 때 원래는 A동 주민들도 내부순환로가 생기면 소음 및 분진 피해가 예상되니, 자신들도 수용 보상을 해 달라고 요구했다고 합니다. 그러나 합의하는데 실패해, A동은 그대로 남게 됩니다. 즉 유진상가 아파트의 아파트 부분은 이제 A동에만 남아 있습니다. A동 1층과 2층 통일로 쪽 일부 공간이 현재 상가이고, 나머지 2층부터 5층까지가 아파트입니다.

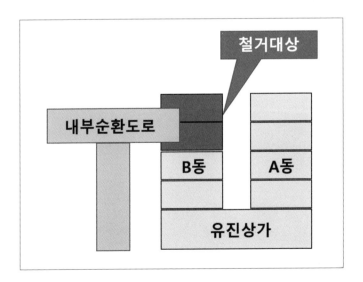

1977년 촬영된 쌍둥이 건물이었던 유진상가의 과거 모습
<출처- 서울역사박물관, 『착실한 전진: 1974-1978(2)』(2017), 120쪽>

<왼편의 B동 4,5층이 잘려나간 유진상가 현재 모습>

이 A동에 남아 있는 유진상가아파트의 내부 모습이 궁금했습니다.
A동 남측 필로티 쪽에 있는 과일 도매상들 사이에서 유진아파트로 가
는 입구를 겨우 찾았습니다. 상가아파트지만 아파트 입구 계단에 유진
'유진맨숀'이라고 쓰여 있었습니다.

유진상가 A동 2층에서 바깥 공간으로 나가니 잘려 나간 B동의 2층과 연결되는 공중정원 즉 중정이 나타납니다. 일설에 의하면 유진상가를 지은 신성건설이 김수근이 설계한 세운상가의 디자인을 그대로 가져와 지었다고 합니다. 필로티 구조로 만든 인공 대지 위에 건물을 올려 지상에는 사람들이 보행로로 다닐 수 있게 하고, 확보한 지상 위 공간을 옥외공간으로 활용한 점이 그것입니다. 2층의 넓은 중정에 나와 두 동을 바라보니 과연 세운상가 군들의 공중 보행로와 유사하다는 느낌을 받았습니다.

 이 넓은 공중 정원은 상가를 이용하는 이들에게 산책의 공간을 제공하기도 하고, 유진상가의 아파트에 사시는 분들에게는 마당의 역할을 해 주고 있었습니다. 넓디넓은 공중 대지 위에서 고추를 말리고 있는 모습이 무척 이색적이었습니다.

  유진상가아파트 내부는 편 복도형으로 복도가 엄청 넓었습니다. 4
층의 복도에서 창 밖을 보니 건너편 B동의 잘려 나간 유진상가 위로 내
부순환로가 바로 보입니다.

<유진상가 A동 6층 옥상 모습>

　　유진상가아파트는 세운상가, 낙원상가처럼 이제 지어진 지 50년이 훌쩍 지났기에 당장 개발이 이루어진다고 해도 이상한 일은 아닙니다. 서대문구의 거점인 홍제역 역세권에 자리 잡고 있기에 일대 인왕시장과 함께 미니 코엑스처럼 개발한다는 말도 들려옵니다.

　　여러분이 이 책을 읽고, 번잡한 홍제역 일대를 지나갈 때, 이 거대한 콘크리트 건물 속에 평화로운 마당으로 쓰이는 중앙 정원이 있다는 사실을 한 번쯤 떠올리셨으면 좋겠습니다.

유진상가
서울시 서대문구 홍제동 294-46
최고 6층, 아파트 91세대 및 상가

따뜻한 온실을 품은 아파트

원일아파트(1970년)

항상 사람들로 북적이는 홍제역 1번 출구로 나가 조금만 걷다 보면 오른편에 상아색의 한 낡은 상가 건물이 있습니다. 외관만 봐서는 이곳이 아파트라는 생각은 하기 어려운데, 건물 외관에 분명히 '원일아파트'라고 쓰여져 있습니다.

미처 아파트임을 발견하기 더 어려운 이유는, 이곳 원일아파트의 건물 1층에 인왕시장으로 바로 연결되는 길이 있기 때문입니다. 인왕시장은 1970년에 유진상가가 생기면서 인근 뚝방시장 상인들이 자리를 옮겨 와 생긴 시장이라고 합니다.

아파트 1층이 시장이라니. 아마도 인왕시장이 생기면서 원일아파트도 같이 지어진 듯합니다. 즉 원일아파트는 사실상 인왕시장과 한 몸입니다.

<붉은 사각형이 원일아파트 1층에 있는 인왕시장 입구>

<원일아파트 1층 일부와 연결된 인왕시장의 모습>

<원일아파트의 후면부 모습, 푸른색 패널 지붕들의 인왕시장과 연결된다>

원일아파트 1층은 인왕시장 일부, 기타 음식점 등이 입점해 있고 2층은 상가 및 사무실로 쓰이고 있었습니다. 그리고 3층~6층이 아파트였습니다. 원일아파트에는 인왕시장 상인들이 많이 거주하고 있다고 합니다. 또한 2층 상가는 한적해 보였지만, 아파트는 교통이 좋고, 전월세가 싸서 그런지 젊은 사람들이 자주 드나드는 모습을 목격하였습니다.

<원일아파트 3층의 모습>

3층부터 한층 씩 올라가며 아파트를 둘러보았습니다. 건물 양 끝에 계단이 나 있고, 복도식으로 세대가 구성되어 있는데, 아파트 한 가운데 세운상가 능에서 많이 보던 중정이 있습니다.

3층에 처음 진입했을 때는 느끼지 못했는데, 윗층으로 올라갈수록 내부가 점차 밝아지면서 무언가 따뜻한 느낌이 들었습니다. 그러다 6층에서 중정을 통해 들어오는 햇살과 주민들이 내놓은 화분이 어우러진 모습을 보니, 마치 온실에 들어온 듯한 느낌이 들었습니다.

주변을 둘러보고 싶어서 옥상으로 나가 보았습니다. 옥상이 무척 깔끔하게 정리되어 있습니다. 그러다 옥상층에서 원일아파트 내부를 내려다본 순간, 멈칫했습니다. 세운상가아파트에서도 그랬지만, 기하학적인 모습이 너무나 멋지게 느껴졌기 때문입니다. 하늘과 연결된 중정에서 내리쬐는 햇살과 아파트의 긴 복도가 어우러진 모습은 추상화가의 회화 작품처럼 다가옵니다. 이처럼 원일아파트는 무뚝뚝한 건물 외관에서는 상상할 수 없는 멋진 공간을 내부에 품은 상가아파트였습니다.

이곳 원일아파트는 인왕시장과 한 몸이라 재건축이 되려면 인왕시장의 개발이 전제되어야 합니다. 유진상가, 원일아파트, 인왕시장 그리고 주변 단독들이 한 때 도시환경정비사업이나 공공재개발을 추진하려는 움직임이 있었으나, 시장 상인들의 이해관계가 얽혀 있어 개발이 쉽지는 않을 것 같습니다.

원일아파트
서울시 서대문구 홍제동 294-36
일반상업용지
최고 6층, 1개 동, 아파트 40세대 및 상가

서울에서 가장 예쁜 중정을 지닌 아파트

영진종합시장(1971년)

합정역에서 망원역 방향으로 가다 보면 오른편 서교동 골목 안쪽에 '영진종합시장'이란 이름의 3층짜리 세로로 긴 건물이 있습니다. 시장이란 이름을 단 건물답게 1층에는 상가들이 있는데 건물 오른편에 보면 '영진아파트'라고 쓰여 있는 별개의 입구를 보게 됩니다.

서울에 이렇게 1층이 시장이고 2층부터 아파트인 주상복합형 상가아파트가 가끔 있는데, 이제는 그리 많이 남지 않았습니다. 앞장에서 소개한 홍제동 원일아파트나 청와대 근처 효자아파트 등 현재 운영 중인 시장과 한 몸인 아파트를 제외하고, 미니 시장 역할을 하던 상가아파트들의 1층 시장은 세월의 흐름과 함께 쇠락해 갔습니다. 1층 상가는 제 기능을 못 하고 있지만, 위층의 아파트 공간은 대부분 과거의 그 모습 그대로 누군가에게 따뜻한 보금자리를 제공해 주고 있습니다.

　앞장의 세운상가, 낙원상가, 유진상가, 원일아파트가 그랬던 것처럼 이러한 시장 및 상가 위에 있는 아파트 공간은 상가 층과의 이질적인 모습 때문에 그 공간이 꽤 매력적으로 다가옵니다. 강남상가아파트(상도동), 대신시장(신길동), 좌원상가(남가좌동) 등 시장을 품은 상가아파트들을 많이 방문해 보았지만, 그중 가장 매력적인 주거 공간을 지닌 상가아파트는 단연코 이곳 영진종합시장 즉 영진아파트입니다.

영진종합시장의 1층은 식당, 방앗간 등 현재도 운영하는 몇몇 가게들을 제외하고는 대부분 폐업 상태였습니다. 한때 번성했을 것 같은 폐업한 '슈퍼마케트'의 낡은 간판이 세월의 흐름을 보여줍니다.

\<영진종합시장 1층 상가에 어느 일상의 예술가가 꾸며 놓은 장식물\>

1층 상가를 나와 아파트 전용 입구를 통해 2층의 아파트 공간으로 올라가 보았습니다. 중정이 있는 영진아파트의 2층 모습은 생각보다 너무 아늑했습니다. 마당 역할을 하는 아파트 중정 공간에 주민들이 가져다 놓은 화분과 중정의 뚫린 공간에서 비추는 햇살이 어우러진 모습이 푸근한 느낌을 주었습니다. 또 흰색의 긴 난간들이 만들어 내는 기하학적 모습이 파란 하늘과 어우러져 회화 작품 같았습니다. 안산맨손이나 동대문아파트처럼 중정이 예쁘기로 유명한 그 어느 아파트보다도, 저에게는 이 영진아파트의 중정이 훨씬 매력적으로 다가왔습니다.

영진종합시장, 즉 영진아파트는 부지 규모가 작고 토지가 2종 일반
주거 7층 이하 지역이라 사업성이 나오지 않아 재건축이 이루어지지 못
하고 있습니다. 주변의 단독 및 빌라 블록이랑 함께 개발된다면 그나마
가능할 텐데 주변 빌라들은 계속 신축으로 변하고 있어, 당분간 현재
모습 그대로 있을 것 같습니다.

영진종합시장
서울시 마포구 서교동 485-14
2종 일반주거지역
최고 3층, 1개 동, 아파트 50세대 및 상가

234

시내 황금 땅에 자리한 빈티지아파트

합정아파트(1973년)

합정역 5번 출구를 나와서 한강 방면으로 조금 걷다 고개를 들어 보면 왼편에 푸른색의 빈티지한 외관의 아파트를 보게 됩니다. 1층에 간판 가게, 슈퍼, 술집 등이 입점해 있는 그 푸른색 건물의 외벽에, 누군가 수작업으로 그린 듯 삐뚤삐뚤한 글씨로 '합정아파트'라고 쓰여 있어 그곳이 아파트임을 알 수 있게 합니다.

이곳의 존재가 궁금해 검색보니, 한때 이곳은 '합정시장'이라 불리던 곳이었음을 알 수 있었습니다. 합정아파트로는 검색이 안 되나, 과거 신문을 보니 합정시장이던 곳의 주소지와 현재 아파트의 주소가 일치합니다. 아마도 앞장의 영진종합시장처럼 한때 번성했다 이제는 시장의 기능을 상실해 버린 1층은 이제는 현대식의 마트가 되어 있었습니다. 다만 1층 일부에 참기름 집, 떡집 등이 남아 있어 한때 시장이었던 이곳의 과거를 보여줍니다.

<1층 상가 대부분을 차지하는 합정마트>

\<1층 합정마트의 왼편에 자리한 떡집, 참기름집 등\>

\<1층 상가 한켠에 위치한 떡집, 참기름집\>

합정아파트 1층의 아파트 출입구를 통해 2층부터 있는 아파트 공간
으로 가 보기로 합니다. 입구로 들어서자마자 보이는, 1층 전면부의 시
장 쪽과 한때 연결되었을 법한 녹색의 창고 문이 인상적이었습니다.

합정아파트의 내부는 평범한 복도식 아파트입니다. 내부는 별 다른 것이 없으나 제가 합정아파트를 좋아하는 이유는 독특한 외관 때문입니다. 돌출된 창문과, 오래된 맨션아파트에서 잘 쓰지 않는 그리스 느낌이 나는 파란색 계열의 색이 만들어 내는 빈티지함이 무척 매력적입니다. 처음 방문했을 때 느낀 그 신선한 충격이 아직도 기억납니다.

<2012년 4월 모습, 출처-네이버지도 캡쳐>

<2023년 4월 모습, 직접 촬영>

합정아파트가 지어진 1973년에는 2호선 합정역이 존재하지 않았습니다. 2호선 합정역은 1984년에 개통되었기 때문입니다. 50년의 세월이 흐른 지금의 합정아파트 인근은 서울 최고의 금싸라기 땅이라 해도 과언이 아닙니다. 언젠가 주상복합으로 거듭날 거 같습니다.

합정아파트
서울시 마포구 합정동 375-1
일반상업용지
최고 5층, 1개 동, 아파트 40세대 및 상가

나가며

나가며

    이 책을 만들게 된 동기는 그저 제가 답사 다녀본 서울의 오래된 아파트들의 매력을 다른 이들과 나누고 싶다는 마음이었습니다. 오래된 아파트들을 방문했을 때 제가 느꼈던, 그 감탄사가 절로 나오는 고유한 아름다움을 여러분과 공유하고 싶었습니다.

    하지만 저의 미천한 글솜씨와 핸드폰으로 찍은 사진을 토대로 책을 만들다 보니 그 고색창연한 아름다움을 잘 재현하지 못한 것만 같아 아쉬운 마음이 큽니다. 부디 책을 읽는 여러분에게 제가 느낀 마음이 조금이나마 전달된다면 더 바랄 게 없겠습니다.

<휘경동 동성빌라>

<충정로 미동아파트>

부록

아파트 답사가들을 위하여

처음 서울의 오래된 아파트, 특히 도심 한 가운데에 숨겨져 있는 '맨손' 아파트에 대해 관심을 갖게 되면서 저는 늘 정보 부족에 시달렸습니다. 오래된 아파트를 답사한 블로그 등을 뒤져 리스트를 작성하기도 하고, 도시 및 건축을 연구하시는 분들의 책을 읽으며 답사할 아파트를 찾아보기도 하였습니다. 하지만 고백하자면 어쩌면 정보가 부족했기에 이 '맨손'아파트를 제 나름대로 정리해 보고 싶은 마음이 강하게 들었고, 그랬기에 이렇게 책까지 낼 수 있게 된 것 같습니다.

책을 쓰면서 저처럼 오래된 아파트를 좋아하시는 분들에게 선배 덕후로서 조금이나마 보탬이 되면 좋겠다는 생각이 들었습니다. 백 퍼센트는 아니겠지만 제가 3~4년간 답사하면서 정리한, 1930년부터 1980년대 초반에 지어진 서울의 오래된 아파트들의 리스트를 첨부합니다. 60~70년대 지어진 맨션아파트는 물론이고 상가아파트, 한 번쯤 방문해 볼 만한 연립들, 그리고 일제 강점기에 지어진 이른바 '경성의 아파트'[1]들도 첨부하였습니다. 이 리스트를 참고로 시간이 되실 때 오래된 아파트들을 묶어서 시티 투어를 해 보시면 서울 생활에 하나의 즐거움이 되리라 생각합니다.

참고로 본 리스트에서는 1980년 이전 건축되어 아직 맨션이라 불리는 아파트일지라도 동부이촌동, 여의도처럼 그 시대 일종의 택지 개발을 한 부지에 대단위로 만들어진 단지형 아파트들은 제외했습니다.

---

[1] '경성의 아파트' 란 일제 강점기에 지어져 아직도 서울에 현존해 있는 아파트들을 의미합니다. 다음 책에서 그 용어를 차용하였습니다.
- 박철수 외, 『경성의 아파트』 집, 2021년

또한 정렬 순서는 대체로 행정 구역상으로 분류하려 하였으나, 세운상가처럼 상이한 행정 구역임에도 같이 가는 것이 더 용이한 아파트들은 행정 구역과 상관 없이 연달아 정리하였음을 미리 알려드립니다.

<대현동 무궁화아파트>

1930년~1980년 초 서울 도심에 소규모로 지어져 아직 남아 있는 아파트들

번호	지역권역	구	동	아파트명	주소	준공
1	서북권	강서구	공항동	삼우아파트	공항동 45-18	1975
2	서북권	은평구	수색동	수색아파트	수색 16-2	1968
3	서북권	마포구	연남동	연남(새마을)아파트	연남동 244-15	1970
4	서북권	마포구	망원동	성신아파트	망원동 433-3	1976
5	서북권	마포구	망원동	새한주택	망원동 405-3	1978
6	서북권	마포구	서교동	영진종합시장	서교동 485-14	1971
7	서북권	마포구	합정동	합정아파트	합정동 375-1	1973
8	서북권	마포구	창전동	서강문화아파트	창전동 148-3	1974
9	서대문	서대문구	남가좌동	좌원상가아파트	남가좌 295-5	1966
10	서대문	서대문구	연희동	연화아파트	연희동 89-9	1975
11	서대문	서대문구	연희동	은하아파트	연희동 105-4	1971
12	서대문	서대문구	연희동	연희상가아파트	연희 188-41	1978
13	서대문	서대문구	연희동	연희궁아파트	연희동 196-1	1972
14	서대문	서대문구	홍제동	인왕아파트	홍제동 104-1	1968
15	서대문	서대문구	홍제동	인왕궁아파트	홍제동 104-6	1974
16	서대문	서대문구	홍제동	안산맨숀	홍제동 104-20	1972
17	서대문	서대문구	홍제동	광산맨션아파트	홍제동 157-68	1973
18	서대문	서대문구	홍제동	고은맨션아파트	홍제동 156-200	1975
19	서대문	서대문구	홍제동	서울맨숀아파트	홍제동 315-7	1972
20	서대문	서대문구	홍제동	홍제맨숀	홍제동 307-9	1971
21	서대문	서대문구	홍제동	홍제아파트	홍제동 312-35	1965
22	서대문	서대문구	홍제동	홍일아파트	홍제동 247-19	1969
23	서대문	서대문구	홍제동	제일주택	홍제동 266-3	1980
24	서대문	서대문구	대현동	무궁화아파트	대현동 54-1	1974

번호	지역권역	구	동	아파트명	주소	준공
25	서대문	서대문구	대현동	대현상가아파트	대현동 53-4	1974
26	서대문	서대문구	북아현동	북아현맨션	북아현동 114-1	1975
27	서대문	서대문구	충정로3가	충정맨션	충정로3가 7-1	1979
28	서대문	서대문구	충정로3가	충정아파트	충정로 3가 250-5	1930
29	서대문	서대문구	충정로3가	미동아파트	충정로3가 189-8	1969
30	서대문	서대문구	미근동	서소문아파트	미근동 215	1972
31	중구 종로구	중구	중림동	성요셉아파트	중림동 149	1971
32	중구 종로구	종로구	행촌동	대성맨숀	행촌동 41-1	1971
33	중구 종로구	종로구	통인동	효자아파트	통인동5-1	1969
34	중구 종로구	종로구	옥인동	옥인연립	옥인동183-1	1980
35	중구 종로구	종로구	적선동	적선하우스	적선동 31-1	1939
36	중구 종로구	중구	정동	정동아파트	정동 18-1	1964
37	중구 종로구	종로구	낙원동	낙원상가	낙원동 288	1968
38	중구 종로구	종로구	장사동	세운전자상가	장사동 116-4	1967
39	중구 종로구	중구	산림동	청계상가	산림동 207-1	1971
40	중구 종로구	중구	산림동	대림상가	산림동 207-2	1972
41	중구 종로구	중구	인현동	신성상가아파트	인현동2가 120-3	1968
42	중구 종로구	중구	충무로	진양상가아파트	충무로4가 120-3	1970
43	중구 종로구	중구	인현동	국수장아파트	인현동1가 126-1	1940
44	중구 종로구	중구	을지로	황금아파트	을지로5가 152	1937
45	중구 종로구	중구	주교동	중앙아파트 구관	주교동 230	1956
46	중구 종로구	중구	주교동	중앙아파트 신관	주교동 230-2	1969
47	중구 종로구	중구	필동	하니맨션	필동1가 51-11	1972
48	중구 종로구	중구	남창동	경서아파트	남창동 205-44	1970

번호	지역권역	구	동	아파트명	주소	준공
49	중구 종로구	중구	회현동	회현제2시범아파트	회현동1가 147-23	1979
50	중구 종로구	중구	회현동	별장아파트	회현동1가 147-20	1980
51	중구 종로구	중구	회현동	삼풍맨션아파트	회현동1가 146-1	1975
52	중구 종로구	중구	회현동	평화아파트	회현동1가 97-2	1976
53	중구 종로구	중구	회현동	청운장아파트	회현동1가 99-6	1938
54	중구 종로구	중구	회현동	취산아파트	회현동2가 49-4	1936
55	중구 종로구	중구	남산동	미쿠니아파트	남산1가 16-23	1930
56	중구 종로구	중구	필동	미주아파트	필동3가 62-16	1976
57	중구 종로구	중구	묵정동	묵정아파트	묵정동 11-67	1981
58	중구 종로구	중구	묵정동	충무아파트	묵정동 11-2	1982
59	중구 종로구	중구	장충동	장충아파트	장충동2가 193-29	1981
60	중구 종로구	중구	신당동	약수아파트 구관	신당동 372-13	1968
61	중구 종로구	중구	신당동	약수아파트 신관	신당동 372-2796	1969
62	중구 종로구	종로구	창신동	동대문신발상가아파트	창신동 436-65외	1968
63	중구 종로구	종로구	창신동	동문상가아파트	창신동 436-41	1970
64	중구 종로구	종로구	창신동	동대문아파트	창신동 328-17	1966
65	중구 종로구	종로구	창신동	동대문맨션	창신동 578-5	1973
66	중구 종로구	종로구	창신동	창신시영아파트	창신동 23-814	1962
67	중구 종로구	종로구	창신동	삼일아파트	창신동 400-4	1969
68	중구 종로구	종로구	숭인동	동일상가아파트	숭인동 234-82	1969
69	중구 종로구	종로구	숭인동	숭인상가아파트	숭인동 204-14	1979
70	용산	용산구	원효로4가	풍전아파트	원효로4가 109-4	1971
71	용산	용산구	원효로3가	금성아파트	원효로3가 124-1	1971
72	용산	용산구	원효로2가	원효아파트	원효로2가 94-2	1970

번호	지역권역	구	동	아파트명	주소	준공
73	용산	용산구	효창동	효창맨션	효창동 5-495	1969
74	용산	용산구	이촌동	중산시범아파트	이촌동 211-2	1970
75	용산	용신구	이촌동	이촌시범아파트	이촌동 209-22	1970
76	용산	용산구	이촌동	강변아파트	이촌동 193-3	1971
77	용산	용산구	이촌동	강서맨션	이촌동 193-5	1972
78	용산	용산구	한강로3가	장미맨션	한강로3가 40-23	1979
79	용산	용산구	한강로3가	용산파크맨숀	한강로3가 40-110	1982
80	용산	용산구	한강로3가	용산파크빌라	한강로3가 40-882	1982
81	용산	용산구	한강로3가	철우아파트	한강로3가 65-500	1978
82	용산	용산구	한강로1가	삼각맨션	한강로1가 231-24	1970
83	용산	용산구	후암동	뉴후암아파트	후암동 426	1973
84	용산	용산구	동자동	동자아파트	동자동 19-8	1969
85	용산	용산구	후암동	신후암맨션	후암동 244-86	1971
86	용산	용산구	후암동	후암맨션	후암동 1-20	1974
87	용산	용산구	이태원동	용산아파트	이태원동 669	1969
88	용산	용산구	한남동	남산맨션	한남동 726-74	1972
89	용산	용산구	한남동	장미아파트	한남동 732-19	1976
90	용산	용산구	보광동	주미아파트	보광동 260-6	1973
91	용산	용산구	한남동	한남맨숀	한남동 557-39	1978
92	용산	용산구	한남동	성아맨숀	한남동 263-10	1970
93	용산	용산구	한남동	한성아파트	한남동 29-4	1974
94	용산	용산구	한남동	한남시범아파트	한남동 1-349	1970
95	용산	용산구	주성동	양지맨숀	주성동 1-7	1976
96	영등포	영등포구	영등포동	동남상가아파트	영등포동 5가 24	1971

번호	지역권역	구	동	아파트명	주소	준공
97	영등포	영등포구	신길동	남서울아파트	신길동 3573	1974
98	영등포	영등포구	신길동	대신시장	신길동 116-15	1971
99	영등포	영등포구	신길동	대방전철아파트	신길동 1343	1976
100	관악	관악구	봉천동	해바라기아파트	봉천동 1500	1978
101	관악	관악구	봉천동	복권아파트	봉천동 645-87	1971
102	관악	관악구	신림동	신안아파트	신림동 10-10	1978
103	동작	동작구	노량진동	우성아파트 284-1	노량진동 284-1	1968
104	동작	동작구	노량진동	노량진미니맨숀	노량진동 232-192	1974
105	동작	동작구	노량진동	은하맨션	노량진동 84-24	1978
106	동작	동작구	노량진동	노량진맨션아파트	노량진동 227-5	1974
107	동작	동작구	상도동	강남상가아파트	상도동 488	1973
108	동작	동작구	흑석동	명수대아파트	흑석동 97-2	1976
109	강남	강남구	신사동	강남상가아파트	신사동 510-11	1974
110	성동구	성동구	옥수동	옥수아파트	옥수동 306	1975
111	성동구	성동구	금호동4가	삼산금호아파트	금호동 4가 180	1975
112	성동구	성동구	금호동2가	상기아파트	금호동2가 500-7	1978
113	성동구	성동구	홍익동	홍익한신아파트	홍익동 119-1	1975
114	성동구	성동구	홍익동	동아맨션	홍익동 125	1977
115	성동구	성동구	성수동	성동상가아파트	성수동2가 336-2	1978
116	성북구	성북구	성북동	성북아파트	성북동 348-3	1971
117	성북구	성북구	성북동	주암아파트	성북동 286	1972
118	성북구	성북구	성북동	서울아파트	성북동 330-476	1982
119	성북구	성북구	성북동	낙원연립	성북동 300-9	1978
120	성북구	성북구	돈암동	고명아파트	돈암동 42-32	1972

번호	지역권역	구	동	아파트명	주소	준공
121	성북구	성북구	돈암동	돈암아파트	돈암동 48	1965
122	성북구	성북구	돈암동	돈암현대 저층	돈암동 625-5	1981
123	성북구	성북구	길음동	대원아파트	길음동 1083	1971
124	성북구	성북구	인암동4기	안암아파트	안암동4가 23-2	1969
125	성북구	성북구	안암동3가	대광맨션아파트	안암동3가 136-1	1971
126	동북	광진구	화양동	덕화맨숀	화양동 32-12	1978
127	동북	동대문구	제기동	홍파아파트	제기동 120-10	1971
128	동북	동대문구	용두동	용두아파트	용두동 39-446	1974
129	동북	동대문구	이문동	경희맨숀	이문동 280	1980
130	동북	동대문구	휘경동	휘경아파트	휘경동 43-66	1972
131	동북	노원구	월계동	성북맨션	월계동 338-40	1976
132	동북	중랑구	묵동	우성아파트	묵동 245-64	1975

참고 문헌

단행본 · 논문

권이철, 「중산층 아파트의 특성에 관한 연구」 서울시립대학교 도시학과대학원 석사학위 논문, 2016년.

김선태, 『홍제동의 역사를 찾아서』 서대문문화원, 2017년.

김시덕, 『서울선언』 열린책들, 2018년.

김시덕, 『갈등도시』 열린책들, 2019년.

박철수, 『거주박물지』 집, 2017년.

박철수, 권이철, 오오세 루미코, 황세원, 『경성의 아파트』 집, 2021년.

박철수, 『한국주택유전자』1~2, 마티, 2021년.

서울역사박물관, 『낙원떡집』 서울역사박물관, 2020년.

서울역사박물관, 『돌격 건설! 김현옥 시장의 서울 2: 1968-1970』 서울역사박물관, 2013년.

서울역사박물관, 『세운상가와 그 이웃들; 산업화의 기수에서 전자만물시장까지』 서울역사박물관, 2010년.

서울역사박물관, 『창신동 – 공간과 일상』 서울역사박물관, 2011년.

손정목, 『서울 도시 계획 이야기』1~5, 한울, 2016~7년.

장림종, 박진희, 『대한민국 아파트 발굴사』 효형출판, 2009년.

최윤영, 「1960~1970년대 서울의 맨션아파트」 서울대학교 대학원 건축학과 석사학위 논문, 2006년.

한종수, 강희영, 『강남의 탄생』 미지북스, 2016년.

황두진, 『가장 도시적인 삶』 반비, 2017년.

신문 기사

곽진성, 「1960년대엔 여기가 연예인아파트였지」 『오마이뉴스』 2008년 12월 2일.

권혁웅, 「변모하는 재벌 등기 (60) 낙원상가 아파트」 『매일경제』 1969년 6월 14일.

김병석, 「유진상가 철거보상 합의」 『조선일보』 1994년 6월 1일.

김병석, 「유진상가 철거 – 두부베듯 4-5층만 살짝」 『조선일보』 1994년 6월 18일.

김희준, 빅승희, 「한날 시벍아파트 공유지 편입 좌초에 재건축 사업 차질」 『뉴스1』 2022년 1월 19일.

이재형, 「아듀! 영욕의 세운상가」 『주간한국』 2023년 5월 12일.

전호성, 「서울 시민아파트 역사 속으로」 『내일신문』 2005년 11월 28일.

채훈식, 「서울 도심에 8,440만원 짜리 집이 – 1억원대 살 수 있는 아파트는?」 『브릿지경제』 2018년 11월 12일.

황태호, 「국내 첫 주상복합아파트 영욕의 50년」 『동아일보』 2017년 4월 17일.

서울의 오래된 아파트에 대해 더 알고 싶은 분들에게 추천하는 책

김경민, 『건축왕, 경성을 만들다』 이마, 2017년.

김시덕, 『서울선언』 열린책들, 2018년.

김시덕, 『갈등도시』 열린책들, 2019년.

김성홍, 『서울 해법』 현암사, 2020년.

김윤영, 『가난한 도시생활자의 서울 산책』 후마니타스, 2020년.

김인수, 『서울 골목길 비밀정원』 목수책방, 2019년.

박재현, 김형재 엮음, 박해천 기획, 『확률가족』 마티, 2015년.

박철수, 『거주박물지』 집, 2017년.

박철수, 권이철, 오오세 루미코, 황세원, 『경성의 아파트』 집, 2021년.

박철수, 『한국주택 유전자』 1~2, 마티, 2021년.

발레리 줄레조, 『아파트공화국』 후마니타스, 2007년.

손정목, 『서울 도시 계획 이야기』 1~5, 한울, 2016~7년.

염복규, 『서울의 기원, 경성의 탄생』 이데아, 2016년.

이경아, 『경성의 주택지』 집, 2019년.

이형수, 『서울 연립주택 투자지도』 진서원, 2020년.

임창복, 『한국의 주택, 그 유형과 변천사』 돌베개, 2011년.

장림종, 박진희, 『대한민국 아파트 발굴사』 효형출판, 2009년.

전남일, 『한국 주거의 공간사』 돌베개, 2010년.

조성룡, 『건축과 풍화』 수류산방, 2018년.

조한, 『서울, 공간의 기억 기억의 공간』 돌베개, 2013년.

최인기, 『떠나지 못하는 사람들』 동녘, 2014년.

한종수, 강희용, 『강남의 탄생』, 미지북스, 2016년.

황두진, 『가장 도시적인 삶』 반비, 2017년.

<상도동 강남상가아파트>

맨숀
나의 친애하는 서울의 오래된 아파트

초판1쇄 2023년 6월 20일

지은이 임지은

펴낸이 임지은

디자인 임지은

펴낸곳 도서출판 새서울

출판등록 2023년 5월 4일 (제2023-000026호)

이메일 asano15@naver.com

Copyright (C) 임지은, 2023. Printed in Korea.

ISBN 979-11-983445-5-7

값 22,000원